OEUVRES CHOISIES

DE

COLIN D'HARLEVILLE.

SENLIS,
IMPRIMERIE STÉRÉOTYPE DE TREMBLAY.

OEUVRES CHOISIES

DE

COLIN D'HARLEVILLE.

2ᶜ PARTIE.

A PARIS,
CHEZ Mᵐᵉ DABO-BUTSCHERT,
A LA LIBRAIRIE STÉRÉOTYPE, RUE DU POT-DE-FER, N° 14.
1825.

LES CHATEAUX EN ESPAGNE

COMÉDIE,

PAR COLLIN D'HARLEVILLE,

Représentée, pour la première fois, le 20 février 1789.

Quel esprit ne bat la campagne ?
Qui ne fait châteaux en Espagne ?
Picrochole, Pyrrhus, la laitière, enfin tous,
Autant les sages que les fous.
Chacun songe en veillant ; il n'est rien de plus doux.
LA FONTAINE, *Fable de la Laitière et le Pot au Lait.*

PERSONNAGES.

M. D'ORFEUIL.
HENRIETTE, sa fille.
M. DE FLORVILLE, son futur époux.
M. D'ORLANGE, l'homme aux châteaux.
VICTOR, son valet.
JUSTINE, femme-de-chambre d'Henriette.
FRANÇOIS, valet de M. d'Orfeuil.
OLIVIER, autre valet de M. d'Orfeuil.
Un Laquais.

La scène est au château de M. d'Orfeuil.

LES CHATEAUX EN ESPAGNE,
COMÉDIE.

La scène représente, pendant la pièce, une salle du château.

ACTE PREMIER.

SCÈNE I.
MADEMOISELLE D'ORFEUIL, JUSTINE.

MADEMOISELLE D'ORFEUIL.

Mon père ne vient point!

JUSTINE.

Il ne tardera guères :
Il avoit à Moulins, je crois, beaucoup d'affaires.

MADEMOISELLE D'ORFEUIL.

Je crains...

JUSTINE.

Que craignez-vous ?

MADEMOISELLE D'ORFEUIL.

Je ne sais... Mais ces bois..
La nuit...

JUSTINE.

Bon! bon! monsieur est suivi de François.

MADEMOISELLE D'ORFEUIL.

Et, dis-moi, que feroient deux hommes seuls sans armes ?
Mon père devroit bien m'épargner ces alarmes,
Revenir moins tard...

JUSTINE.

Oui, surtout lorsqu'on l'attend ;
Pour nous tranquilliser sur un point important.
Tenez, mademoiselle, en bonne conscience,
La peur sert de prétexte à votre impatience ;
Pourquoi monsieur est-il de la sorte attendu ?
C'est qu'au retour il doit parler du prétendu ;
C'est qu'il doit apporter des lettres d'Abbeville,
Qui marqueront quel jour doit arriver Florville.

MADEMOISELLE D'ORFEUIL.

On diroit que vraiment je ne pense qu'à lui !

JUSTINE.

Mais... nous n'avons parlé d'autre chose aujourd'hui !
Sujet inépuisable ! et, depuis six semaines,
Encore neuf !

MADEMOISELLE D'ORFEUIL.

C'est toi qui toujours le ramènes.

JUSTINE.

Je le ramène, moi, pour vous faire plaisir :
Dès que j'en dis un mot, je vous vois le saisir...

MADEMOISELLE D'ORFEUIL.

Eh bien ! je te l'avoue, oui, ma chère Justine,
Il me tarde de voir celui qu'on me destine.

JUSTINE.

Rien n'est plus naturel. Moi-même, en vérité,
J'ai, sur ce point, beaucoup de curiosité.

MADEMOISELLE D'ORFEUIL.

Je me fais de Florville une image charmante.

ACTE I, SCENE I.

JUSTINE.

J'ai peur qu'en le voyant, cela ne se démente.

MADEMOISELLE D'ORFEUIL.

Sans doute, il sera jeune et bien fait...

JUSTINE.

Oui, d'accord.

MADEMOISELLE D'ORFEUIL.

Noble dans son maintien.

JUSTINE.

Cela peut être encor.

MADEMOISELLE D'ORFEUIL.

Tiens, Justine, déja je le vois qui s'avance
D'un air respectueux, et pourtant plein d'aisance;
Car il sait allier la grâce et la fierté,
Et ce qui frappe en lui surtout, c'est la bonté.
N'attends point un époux libre et trop sûr de plaire,
Qui se prévaut d'abord de l'aveu de mon père,
Et, sans me consulter, vient signer le contrat;
Mais un amant soumis, discret et délicat,
Qui doute, dans mes yeux démêle si je l'aime,
Et me veut obtenir seulement de moi-même.

JUSTINE.

Sans doute il a beaucoup d'esprit?

MADEMOISELLE D'ORFEUIL.

Assurément;
Non pas de cet esprit agréable, brillant,
Qui s'exhale en bons mots, en légères bleuettes,
Et fait pour éblouir des sots ou des coquettes;
Mais un esprit solide, aussi juste que fin,
Soutenu, délicat, et... de l'esprit enfin.
Aussi je le pourrois distinguer entre mille :
Sophie, en un clin d'œil, reconnut son Émile.

JUSTINE.

Eh!... vous peignez d'après vos héros de romans.
Ces héros, j'en conviens, sont aimables, charmants;
Mais pas un n'exista, pas un n'est véritable.
Le vôtre n'est, je crois, ni vrai, ni vraisemblable.
Jamais on ne verra d'homme qui soit parfait,
Ni de femme non plus.

MADEMOISELLE D'ORFEUIL.

Qu'est-ce que cela fait?
Laisse-moi l'espérance; elle me rend heureuse.

JUSTINE.

Pour vous, pour votre époux elle est trop dangereuse.
Votre époux, sans cela, vous eût paru fort bien :
Vous l'attendez parfait; il ne paroîtra rien.
Moi je monte moins haut, afin de moins descendre;
Et raisonnablement je crois pouvoir m'attendre
A voir, avec Florville, arriver un valet;
Un valet qui sera jeune, leste, bien fait,
Qui m'aimera d'abord, et me plaira de même;
Qui ne tardera pas à me dire qu'il m'aime,
Et bientôt de ma bouche obtiendra même aveu.
Ce n'est demander trop ni demander trop peu :
Mais vous, mademoiselle, oh! c'est une autre affaire.

MADEMOISELLE D'ORFEUIL.

Tu verras, tu verras si c'est une chimère!

JUSTINE.

J'ignore ce qu'au fond sera votre futur :
Rabattez-en d'avance un peu, c'est le plus sûr.
Mais quoi? j'entends du bruit; c'est monsieur.

MADEMOISELLE D'ORFEUIL.

Ah! Justine!

ACTE I, SCÈNE I.

JUSTINE.

Le cœur bat, n'est-ce pas?

MADEMOISELLE D'ORFEUIL.

Un peu.

JUSTINE.

Bon! J'imagine
Qu'il battra bien plus fort quand le futur viendra.

MADEMOISELLE D'ORFEUIL.

Mon père tarde bien à monter.

JUSTINE.

Le voilà.

SCÈNE II.

MADEMOISELLE D'ORFEUIL, M. D'ORFEUIL, JUSTINE.

M. D'ORFEUIL.

Me voici de retour! bonsoir, ma chère fille.
Qu'il est doux de revoir son château, sa famille,
Tout son monde! Ma foi, je ne suis bien qu'ici.

MADEMOISELLE D'ORFEUIL.

Votre absence nous a paru bien longue aussi.

JUSTINE, *malicieusement*.

Ah! oui, si vous saviez ce que c'est que l'attente!
Nous soupirions!...

MADEMOISELLE D'ORFEUIL, *vivement*.

Comment se porte donc ma tante?

M. D'ORFEUIL.

Assez bien : elle m'a chargé de t'embrasser,
Ma fille; et c'est par là que je veux commencer.
(*Il l'embrasse.*)
J'ai fort heureusement fini la grande affaire.

J'ai d'avance arrangé tout avec mon notaire :
Je te donne à présent la moitié de mon bien...

MADEMOISELLE D'ORFEUIL.

Épargnez-moi, de grâce, et changeons d'entretien.
Mon père... avez-vous?...

M. D'ORFEUIL.
Quoi?

MADEMOISELLE D'ORFEUIL.
Reçu quelques nouvelles?

M. D'ORFEUIL, *feignant de ne pas comprendre.*
Des nouvelles? ah! oui.

MADEMOISELLE D'ORFEUIL.
Vraiment? Quelles sont-elles?

M. D'ORFEUIL, *de même.*
Le grand-seigneur...

MADEMOISELLE D'ORFEUIL.
C'est bien de cela qu'il s'agit!

M. D'ORFEUIL.
Un courrier de Berlin nous arrive, et l'on dit...

JUSTINE.
Il nous importe peu qu'il arrive ou qu'il parte;
Et nous ne connoissons qu'un pays sur la carte;
C'est Abbeville.

M. D'ORFEUIL.
Ah! ah! j'en reçois aujourd'hui
Une lettre.

JUSTINE.
Allons donc!

MADEMOISELLE D'ORFEUIL.
Mon père... est-ce... de lui?

ACTE I, SCÈNE II.

M. D'ORFEUIL.

C'est l'oncle qui m'écrit. Je vais bien te surprendre :
Dès demain en ces lieux Florville peut se rendre.

MADEMOISELLE D'ORFEUIL.

Vous ne le disiez pas : vous êtes méchant.

M. D'ORFEUIL.

Bon !
Je n'ai pas tout dit. Sache un trait plaisant... Mais non;
Il sera plus prudent de t'en faire un mystère.

MADEMOISELLE D'ORFEUIL.

Pourquoi ?

M. D'ORFEUIL.

C'est que jamais tu ne sauras te taire.

MADEMOISELLE D'ORFEUIL.

Que vous avez de moi mauvaise opinion !
Mon père, soyez sûr de ma discrétion.

M. D'ORFEUIL.

Eh mon dieu ! nous savons ce que c'est qu'une fille :
Et Justine, d'ailleurs, qui babille, babille !...

MADEMOISELLE D'ORFEUIL, *à demi-voix.*

Pour Justine, on pourroit l'éconduire, entre nous.

JUSTINE.

Oh ! non, je suis aussi curieuse que vous,
Et tout aussi prudente, au moins, je vous proteste :
Ainsi je prétends bien tout entendre, et je reste.

MADEMOISELLE D'ORFEUIL.

Mon père, en vérité, vous êtes bien discret.

M. D'ORFEUIL.

Si vous me promettiez de garder le secret...

MADEMOISELLE D'ORFEUIL.

Ah ! je vous le promets.

JUSTINE.

Je le promets de même.

M. D'ORFEUIL.

La chose est, voyez-vous, d'une importance extrême.
Tenez.

(Il tire une lettre de sa poche, et lit.)

« Mon vieux ami... »

(Il s'interrompt.)

Que ce titre m'est cher!
Aussi notre amitié ne date pas d'hier :
Je le connus...

MADEMOISELLE D'ORFEUIL.

Pardon, voulez-vous bien permettre
Que nous suivions le fil?

M. D'ORFEUIL.

Ah! oui.

(Il continue de lire.)

« D'hier matin,
« Notre jeune homme est en chemin,
« Et de près il suivra ma lettre.
« Mais j'ai cru vous devoir prévenir d'un dessein,
« Assez bizarre, au fond, s'il faut ne rien vous taire.
« De sa future il désire, entre nous,
« Observer, à loisir, l'humeur, le caractère.
« Dans cette vue, il doit s'introduire chez vous
« En simple voyageur, avec l'air du mystère,
« Et non comme futur époux. »

JUSTINE.

Plaisante idée!

MADEMOISELLE D'ORFEUIL.

Et mais!.... elle semble promettre....
Je ne sais quoi...

ACTE I, SCÈNE II.

M. D'ORFEUIL, *avec intention.*

Pardon, voulez-vous bien permettre
Que nous suivions le fil?

MADEMOISELLE D'ORFEUIL.

Ah! j'ai tort, en effet.

M. D'ORFEUIL *continue de lire.*

« Je suis loin d'approuver un semblable projet ;
« Mais j'ai cru cependant devoir vous en instruire.
« Car, prenant mon neveu pour un simple étranger,
 « Vous pourriez, sinon l'éconduire,
 « Mon cher, au moins le négliger.
« Embrassez bien pour moi votre charmante fille.
« Je suivrois mon neveu, si je me portois bien.
« Adieu. Derval. »

Plus bas, on lit par apostille :
« Gardez mieux mon secret, que je ne fais le sien. »
(*A sa fille.*)
Eh bien! voilà le tour que Florville te joue.

MADEMOISELLE D'ORFEUIL.

Il n'a rien d'offensant pour moi, je vous l'avoue.
Monsieur Derval a tort de blâmer son neveu.
Les époux d'à présent se connoissent trop peu.
Le projet de Florville annonce une belle âme ;
Et qui d'avance ainsi veut connoître sa femme,
Est sans doute jaloux de faire son bonheur.

M. D'ORFEUIL.

Je lui pardonne aussi ce tour-là de bon cœur.
Qu'il t'observe de près, il en est bien le maître :
Tu ne peux que gagner à te faire connoître.

JUSTINE.

Mais on n'est pas fâché pourtant d'être averti.

M. D'ORFEUIL.

De l'avis, en effet, sachions tirer parti.
Il va jouer son rôle : eh bien ! jouons le nôtre.
Paroissons, en effet, le prendre pour un autre.
D'abord, comme il pourroit arriver dès ce soir,
J'ai dit à tous mes gens de le bien recevoir,
Mais sans faire semblant du tout de le connoître.

JUSTINE.

Bon. J'entends des chevaux : c'est Florville, peut-être.

SCÈNE III.

LES PRÉCÉDENTS, FRANÇOIS.

FRANÇOIS, *hors d'haleine.*

Monsieur, votre futur est arrivé.

M. D'ORFEUIL.

Paix donc.
Je t'avois défendu ce terme-là.

FRANÇOIS.

Pardon ;
Je l'oubliois. Enfin, voici monsieur Florville...

M. D'ORFEUIL.

Encor ! Mais songe bien à réformer ton style.

FRANÇOIS.

Lui-même il se trahit. Tenez, il me parloit,
A moi, comme l'on parle à son propre valet.

JUSTINE.

Et... son valet... est-il aussi bien de figure ?

FRANÇOIS.

Eh ! mais il est fort bien, d'agréable tournure.

JUSTINE.

Et dis-moi...

M. D'ORFEUIL.

Finissons. Ne vas-tu pas le voir?
Florville va monter; il faut le recevoir.
(A François.)
Qu'il vienne.

(François sort.)

SCÈNE IV.

MADEMOISELLE D'ORFEUIL, M. D'ORFEUIL, JUSTINE.

M. D'ORFEUIL, *à sa fille, qui paroît embarrassée.*
Eh! mais, qu'as-tu?
MADEMOISELLE D'ORFEUIL.
L'arrivée imprévue...
De Florville...
M. D'ORFEUIL.
Eh bien! quoi?
MADEMOISELLE D'ORFEUIL.
N'étant point prévenue...
Je suis en négligé.
M. D'ORFEUIL.
Bon! cela ne fait rien.
MADEMOISELLE D'ORFEUIL.
Pardonnez-moi... Je vais auparavant...
M. D'ORFEUIL.
Fort bien!
Passer à la toilette une heure; et je parie
Qu'au retour tu seras une fois moins jolie.
MADEMOISELLE D'ORFEUIL.
Je ris de tous ces riens, et m'y soumets pourtant.
Je vous promets, du moins, de n'être qu'un instant.
(*Elle sort.*)

SCÈNE V.

M. D'ORFEUIL, JUSTINE.

M. D'ORFEUIL.

J'ai quelque chose encore à lui dire. Demeure.
Tu diras que je vais revenir tout à l'heure,
Que je suis sorti.

JUSTINE.
Bon.

(*M. d'Orfeuil sort.*)

SCÈNE VI.

JUSTINE, *seule*.

Fort bien. En tout ceci,
Je vois que je pourrai jouer mon rôle aussi.
Ils viennent : à mon tour, je sens le cœur me battre.
(*Elle regarde.*)
A merveille. Ils sont deux, ainsi nous serons quatre.

SCÈNE VII.

JUSTINE, M. D'ORLANGE *en bottes*, VICTOR.

JUSTINE.

Monsieur, pour un moment, monsieur vient de sortir.
Si vous le désirez, quelqu'un va l'avertir.

M. D'ORLANGE.
L'avertir? point du tout. Ne dérangez personne ;
J'attendrai.

JUSTINE.
Cependant...

VICTOR.

Ah! vous êtes trop bonne.
Moi, j'attendrois long-temps, si vous vouliez rester.

JUSTINE, *lui rendant sa révérence.*

Vous êtes bien poli; je ne puis m'arrêter.

(*Elle sort.*)

SCÈNE VIII.

M. D'ORLANGE, VICTOR.

M. D'ORLANGE, *triomphant.*

Eh bien?

VICTOR.

Charmant accueil! rencontre inespérée!
D'honneur!

M. D'ORLANGE.

Mon cher Victor, cette imposante entrée,
Cet antique château, ces bois silencieux,
Dont la cime paroît se perdre dans les cieux,
Tout ceci me promet quelque grande aventure.

VICTOR.

Eh mon dieu! sans nous perdre en vaine conjecture,
Tenons-nous-en, de grâce, à la réalité,
Monsieur; elle a de quoi suffire, en vérité.
On ouvre... moi, j'étois tremblant comme la feuille.
Je m'avance : on sourit, on s'empresse, on m'accueille;
Pour prendre les chevaux, un garçon a volé,
Et du nom de monsieur l'on m'a même appelé :
J'entre enfin, et déja tout le monde me fête.

M. D'ORLANGE.

Le maître de ces lieux est tout-à-fait honnête.

VICTOR.

Vous ne l'avez pas vu.

M. D'ORLANGE.

J'en juge par ses gens.
S'il étoit dur et fier, ils seroient insolents.
Tel valet, tel maître.

VICTOR.

Oui, rien n'est plus véritable;
Aussi, monsieur, chacun vous trouve fort aimable.

M. D'ORLANGE.

Victor ne manque pas de bonne opinion.

VICTOR.

Tel maître, tel valet. De ma réception
Je ne puis revenir; elle est particulière.

M. D'ORLANGE.

Eh mais! suis-je partout reçu d'autre manière?
Et quand on se présente...

VICTOR.

Ah! vous voilà bien fier!
Mais hier...

M. D'ORLANGE.

Il s'agit d'aujourd'hui, non d'hier.

VICTOR.

A la bonne heure; ici le hasard nous procure
Un asile; et demain?

M. D'ORLANGE.

Demain? autre aventure.

VICTOR.

Bonne réception, bon souper, bonne nuit;
C'est fort bien; mais sachons où cela nous conduit.
Voulez-vous donc toujours ainsi courir le monde,
Et mener une vie errante et vagabonde?

Depuis plus de six ans, je voyage avec vous
De royaume en royaume.
M. D'ORLANGE.
Il n'est rien de plus doux.
VICTOR.
Mais, que vous reste-t-il, enfin, de vos voyages?
M. D'ORLANGE.
Le souvenir...
VICTOR.
D'avoir manqué vingt mariages,
Vingt solides emplois; et dans votre chemin,
Pour l'incertain toujours négligé le certain.
Et moi, nouveau Sancho d'un nouveau Don Quichotte,
J'erre moi-même au gré du vent qui vous ballotte,
Pestant, grondant, surtout quand vous vous égarez,
Et par fois espérant, lorsque vous espérez;
Car vraiment je vous aime, et ne puis m'en défendre;
Je ris de vos projets, et j'aime à les entendre;
Heureux ou malheureux, près de vous je me plais :
Je puis bien me fâcher; mais vous quitter, jamais.
M. D'ORLANGE.
Va, je sens tout le prix d'un serviteur fidèle :
Tu seras quelque jour bien payé de ton zèle.
VICTOR.
Vous promettez monts d'or, et n'avez pas un sou.
M. D'ORLANGE.
J'ai du bien... quelque part.
VICTOR.
Vous ne savez pas où.
M. D'ORLANGE.
Mon oncle...

VICTOR.

Ah! oui, c'étoit un digne et galant homme
Qui nous faisoit passer tous les mois quelque somme.
Mais las! depuis six mois, pas un petit billet :
J'aimois bien, cependant, ceux qu'il vous envoyoit.
Il est peut-être mort.

M. D'ORLANGE.

Quel présage sinistre !
Il me reste, en tout cas, la faveur du ministre.
Dans les papiers publics j'ai reconnu son nom :
De mon père, au collège, il étoit compagnon ;
Et de cette amitié j'hérite en droite ligne.
Sa lettre me l'annonce.

VICTOR.

Une lettre qu'il signe,
Et pour la forme.

M. D'ORLANGE.

Il m'a répondu tout d'un coup.

VICTOR.

Quatre mots seulement.

M. D'ORLANGE.

Mais qui disent beaucoup.
Il ne rougira point de cette connoissance.
J'ai, sans trop me flatter, un nom, de la naissance.
De mes voyages j'ai recueilli quelque fruit,
Et dans le droit public je suis assez instruit.
Oui, dès demain, je pars, et je vole à Versaille,
Comme pour annoncer le gain d'une bataille.
D'abord chez le ministre, en courrier, je descends ;
Et, sans lui prodiguer un insipide encens,
Moi, je lui dis : « Monsieur, vous trouverez peut-être
« Mon entrée un peu leste : elle me fait connoître :

« Tel à vos yeux d'Orlange en ce jour vient s'offrir ;
« Tel, et plus prompt encor, vous le verrez courir,
« S'il pouvoit être utile à son prince, à la France. »
Cet air d'empressement, et surtout d'assurance,
Le frappe : nous causons ; il m'observe avec soin ;
Et je l'entends qu'il dit : « Ce jeune homme ira loin. »
Dans la journée il vaque un honorable poste ;
Mille gens l'attendoient ; et moi qui viens en poste,
Tout botté, je l'emporte ; et voilà mon début.
Ce n'est qu'un premier pas : je vais droit à mon but.
Je ferai mon chemin : je puis, de grade en grade,
Tout naturellement aller à l'ambassade...
Que sais-je, enfin ?....je puis être... ministre un jour :
Et je protégerai les autres à mon tour.

VICTOR, *persuadé par degrés.*

Ah ! vous n'oublierez pas, j'espère, mon bon maître,
Un pauvre serviteur...

M. D'ORLANGE.

Non, tu dois me connoître ;
Sois tranquille ; toujours tu seras mon ami :
Tu seras d'un ministre un jour le favori.

VICTOR.

Est-il possible ?

M. D'ORLANGE, *gravement.*

Mais soyez modeste et sage,
Et de votre crédit sachez régler l'usage.
Victor, de mes faveurs vous n'êtes le canal
Que pour faire le bien, non pour faire le mal.

VICTOR, *humblement.*

Ah ! croyez que jamais ce ne sera ma faute,
Si par hasard...

M. D'ORLANGE.
Fort bien. Revenons à notre hôte.
Il me prend par la main, me conduit au salon,
Me présente lui-même à ces dames...
VICTOR.
Ah ! bon.
Nous verrons quelque jour nos attentes remplies ;
Et ces dames, monsieur, à coup sûr sont jolies.
M. D'ORLANGE.
Oh ! oui. La demoiselle, ou je suis bien trompé,
Est charmante ; et d'honneur, j'en suis d'abord frappé.
Je me remets bientôt, comme tu crois.
VICTOR.
Sans doute.
M. D'ORLANGE.
La mère m'interroge, et la fille m'écoute.
J'ai voyagé, Victor : j'en ai pour plus d'un soir;
A table, entre elles deux on m'invite à m'asseoir.
Je dévore. Au dessert, la demoiselle chante :
Quel goût délicieux ! et quelle voix touchante !
On me mène en un grand et bel appartement :
Je suis las ; je m'endors délicieusement.
La jeune demoiselle a moins dormi peut-être :
On déjeune. Victor vient avertir son maître.
Je me lève... l'on veut en vain me retenir ;
Je pars, après avoir promis de revenir.
VICTOR, *hors de lui-même.*
Restons, monsieur, restons encor cette journée.
M. D'ORLANGE.
Je reviendrai, Victor, une fois chaque année.

SCÈNE IX.

LES PRÉCÉDENTS, M. D'ORFEUIL.

M. D'ORFEUIL.

Je rentre en ce moment : daignez me pardonner,
Monsieur.

M. D'ORLANGE.

C'est moi plutôt qui crains de vous gêner.

M. D'ORFEUIL.

(A Victor.)

Vous! Mon ami, quelqu'un va vous faire connoître
L'appartement que doit occuper votre maître;
Croyez, d'ailleurs, qu'ici rien ne vous manquera.

VICTOR.

En vérité... monsieur, rien ne manque déja.
Tout le monde, en ces lieux, sans doute est trop honnête :
Le jour où l'on s'égare est un vrai jour de fête.

(Il sort.)

SCÈNE X.

M. D'ORFEUIL, M. D'ORLANGE.

M. D'ORFEUIL.

En ce château, monsieur, soyez le bien-venu.
J'espère, quand de vous je serai mieux connu...

M. D'ORLANGE.

Je vous connois si bien, que je vous ferai grâce
De ces remercîments, dont un autre, en ma place...

M. D'ORFEUIL.

Des remercîments? bon!.. il ne m'en est point dû;
Et dans votre alentour, si je m'étois perdu,
Vous feriez même chose assurément.

M. D'ORLANGE.

Sans doute.

M. D'ORFEUIL.

Comment donc avez-vous quitté la grande route?
(*A part.*)
Voyons ce qu'il dira.

M. D'ORLANGE.

J'ai trouvé deux chemins.
L'un vraisemblablement conduisoit à Moulins,
Et l'autre dans un bois d'assez belle apparence.
Moi, j'ai toujours aimé les bois de préférence.
Je choisis celui-ci.

M. D'ORFEUIL.

Vous fîtes bien, ma foi.
L'autre mène à Moulins, et celui-ci chez moi.

M. D'ORLANGE.

Je m'en sais très bon gré. Dans cette conjoncture,
Tout est heureux pour moi... jusqu'à mon aventure
De voleurs, que je veux vous conter.

M. D'ORFEUIL.

Ah! fort bien.

(*A part.*)
J'attendois les voleurs.

M. D'ORLANGE.

Je vois... je ne vois rien;
Mais j'entends près de moi...

M. D'ORFEUIL.

Des voleurs?

M. D'ORLANGE.

Ils accourent,
Et mon valet s'enfuit.

ACTE I, SCÈNE X.

M. D'ORFEUIL.
Le poltron !

M. D'ORLANGE.
Ils m'entourent.

M. D'ORFEUIL.
Que fîtes-vous alors ?

M. D'ORLANGE.
J'étois seul contre dix.
Je pris pourtant un ton très ferme, et je leur dis :
« Messieurs, que me veut-on ? ma bourse ? on peut la prendre
« S'agit-il de mes jours ? je saurai les défendre. »
Je tire alors ma bourse, et je la jette en l'air ;
Et bientôt je saisis mes armes.

M. D'ORFEUIL.
Bon.

M. D'ORLANGE.
Mon air

Les étonne.

M. D'ORFEUIL.
Fort bien.

M. D'ORLANGE.
Un moment ils se taisent.
L'un d'eux enfin me dit : « Les braves gens nous plaisent.
« L'argent, nous le gardons, nous en avons besoin :
« Mais attaquer vos jours ? nous en sommes bien loin.
« Venez, nous vous servons et de guide et d'escorte. »
Ils m'ont tenu parole, et jusqu'à votre porte
Ils m'ont suivi ; voilà ce qui m'est arrivé.

M. D'ORFEUIL.
(A part.)
Le récit est piquant. On ne peut mieux trouvé.

(*Haut.*)
Monsieur, vous m'avez l'air d'un digne et galant homme,
Et... de grâce, peut-on savoir comme on vous nomme?

M. D'ORLANGE.

D'Orlange.

M. D'ORFEUIL.

Bon. Monsieur d'Orlange, allons, venez.
Ma fille avec plaisir vous verra.

M. D'ORLANGE.

Pardonnez,
Si je suis indiscret. Vous n'avez qu'une fille?

M. D'ORFEUIL.

Une seule, monsieur; c'est toute ma famille,
Ma seule joie; aussi je l'aime uniquement.

M. D'ORLANGE.

Et vous êtes payé d'un tendre attachement,
Sans doute?

M. D'ORFEUIL.

Je le crois. Elle est sensible, aimante,
Ce sera, je l'espère, une femme charmante.
Il ne m'appartient pas, monsieur, de la louer;
Henriette est aimable, il le faut avouer.

M. D'ORLANGE.

Mais ce sera pour vous une peine cruelle,
Lorsqu'un jour il faudra que vous vous priviez d'elle?

M. D'ORFEUIL.

Je voudrois que mon gendre ici pût demeurer.
Mais, s'il faut de ma fille enfin me séparer,
Je saurai me résoudre à cette perte affreuse;
Je m'en consolerai si ma fille est heureuse,
Et si son mari l'aime...

M. D'ORLANGE.

   Eh quoi! vous en doutez?
J'en répondrois pour lui.

M. D'ORFEUIL.

   Vous me le promettez?

M. D'ORLANGE.

Assurément.

M. D'ORFEUIL.

   Fort bien. Vous allez la connoître :
Venez.

M. D'ORLANGE.

  Je ne suis pas en état de paroître.

M. D'ORFEUIL.

Bon!

M. D'ORLANGE.

  Pour me débotter, je demande un moment.

M. D'ORFEUIL.

Je vais donc vous conduire à votre appartement;
Car vous êtes chez vous, monsieur, daignez le croire.

M. D'ORLANGE, *d'un accent très prononcé.*

Monsieur! les anciens, dont on vante l'histoire,
Remplissoient les devoirs de l'hospitalité
Avec moins de franchise et moins de loyauté.

M. D'ORFEUIL.

Ces devoirs à remplir n'ont rien que de facile.
A tous les voyageurs ici j'offre un asile,
De bon cœur : après tout, rien n'est plus naturel.
Parmi ces voyageurs, il s'en présente... tel
Qui, de tout le passé, me paye avec usure.
Établissez-vous donc ici, je vous conjure.

M. D'ORLANGE.
(*A part.*)
Monsieur!... Il est vraiment aimable tout-à-fait.
M. D'ORFEUIL, *à part.*
De mon gendre je suis déja très satisfait.
(*Ils sortent ensemble.*)

FIN DU PREMIER ACTE.

ACTE SECOND.

SCÈNE I.

JUSTINE, VICTOR.

VICTOR.

Mais, je ne reviens point de ma surprise extrême.
Quoi! tous les étrangers sont-ils reçus de même,
Mademoiselle?

JUSTINE.

Oh! non. Ils ne le sont pas tous;
Tous ne sont pas, monsieur, aimables comme vous.

VICTOR.

Aimable! oh! moi, je suis bon enfant; mais, du reste
Je ne me pique point...

JUSTINE.

Vous êtes trop modeste.

VICTOR.

Non, modestie à part; c'est que l'on m'a reçu
Comme quelqu'un vraiment qui seroit attendu.

JUSTINE.

Voyez un peu!

VICTOR.

Pourquoi faut-il partir si vite?

JUSTINE.

Bon!

VICTOR.

Nous ne demandions qu'un souper et le gîte :

Nous les trouvons, sans doute, excellents; mais demain
Il faudra de Paris reprendre le chemin.

JUSTINE.

Peut-être aussi que non.

VICTOR.

Comment cela?

JUSTINE.

Que sais-je?
Le mauvais temps, la pluie, ou le vent, ou la neige...

VICTOR.

Rien n'arrête monsieur; et jamais nulle part
Il ne reste deux jours : dès le matin il part.
Vous ne connoissez pas, je le vois bien, mon maître.

JUSTINE.

Il est pourtant, je pense, aisé de le connoître.
C'est donc un voyageur?

VICTOR.

C'est un vrai juif errant.
Il court toujours le monde; et le monde est bien grand;
Il aime à voyager, et moi j'aime à le suivre;
Dès l'enfance, avec lui, j'ai coutume de vivre :
Aussi, famille, amis, pour lui j'ai tout quitté;
Et sur ses pas, moi, fait pour la tranquillité,
Pour vivre avec ma femme, en mon petit ménage...

JUSTINE, *vivement.*

Vous êtes marié?

VICTOR.

Non, vraiment, dont j'enrage.

JUSTINE, *à part.*

Tant mieux; j'avois bien peur.

ACTE II, SCÈNE I.

VICTOR.
                    Je disois seulement
Que j'étois fait pour l'être; aussi probablement
Je prendrai ce parti.

JUSTINE.
Bientôt?

VICTOR.
                    Mais je l'ignore.

JUSTINE.
Votre maître n'est point marié?

VICTOR.
                         Pas encore;
Et de long-temps, je pense, il ne se mariera.

JUSTINE.
Vous verrez que lui-même il finira par là.

VICTOR.
Vous croyez?

JUSTINE.
        Au revoir; j'aperçois Henriette.

VICTOR.
Moi, je vais de monsieur achever la toilette.

JUSTINE.
Qu'il se dépêche donc : allez, dites-le lui.
S'il part demain, du moins qu'on le voie aujourd'hui.

VICTOR.
Peut-être il feroit mieux d'éviter l'entrevue;
Et pour moi, je crains bien de vous avoir trop vue.
                                        (*Il sort.*)

JUSTINE, *le suivant des yeux.*
Il n'est pas mal.

SCÈNE II.

MADEMOISELLE D'ORFEUIL, JUSTINE.

MADEMOISELLE D'ORFEUIL.

Quel est celui qui te parloit ?

JUSTINE.

C'est mon futur, à moi.

MADEMOISELLE D'ORFEUIL.

J'entends. C'est le valet...

JUSTINE.

Si j'en juge par lui, vous aimerez le maître.

MADEMOISELLE D'ORFEUIL.

Ce maître, en vérité, tarde bien à paroître.

JUSTINE.

Il s'habille, il s'arrange...

MADEMOISELLE D'ORFEUIL, *vivement.*

Il étoit comme il faut.
Qu'il se pare un peu moins, et qu'il vienne plus tôt.

JUSTINE.

Monsieur pouvoit tantôt vous dire même chose.

MADEMOISELLE D'ORFEUIL.

A propos... Tu l'as vu, Justine ?

JUSTINE.

Eh bien ?

MADEMOISELLE D'ORFEUIL.

Je n'ose
T'interroger... Enfin, comment le trouves-tu ?

JUSTINE.

Je n'en puis trop juger; je ne l'ai qu'entrevu.
Seulement il est jeune et d'aimable figure.

MADEMOISELLE D'ORFEUIL.
Pour le reste déjà c'est un heureux augure ;
Justine, conviens-en.

JUSTINE.
Oui, j'en tombe d'accord,
Mademoiselle ; il plaît dès le premier abord :
Il a l'air franc, ouvert, des manières aisées.

MADEMOISELLE D'ORFEUIL.
Mes espérances donc seront réalisées.

JUSTINE.
Ah ! doucement. Ce n'est qu'un indice léger :
Mais par vous-même enfin vous en allez juger.

SCÈNE III.

MADEMOISELLE D'ORFEUIL, M. D'ORLANGE, JUSTINE.

M. D'ORLANGE, *avec un nouvel habillement.*
Voici, mademoiselle, une heureuse disgrâce.
A la nuit, au hasard, que je dois rendre grâce !
De détours en détours m'amener jusqu'ici,
C'est conduire fort bien que d'égarer ainsi.

JUSTINE.
Quelquefois dans la vie il faut que l'on s'égare.

M. D'ORLANGE.
Eh mais ! cet accident chez moi n'est pas très rare :
Je l'avouerai, souvent cela m'est arrivé :
Presque toujours aussi je m'en suis bien trouvé.

JUSTINE.
Vous le faites exprès, peut-être ?

M. D'ORLANGE.
Je m'écarte
Volontiers. Je ne sais les chemins ni la carte ;

Mais je marche au hasard. Si la nuit m'a surpris,
De ce petit malheur moi-même je souris,
Sûr de voir, tôt ou tard, de loin, une lumière;
Tantôt c'est un château, tantôt une chaumière.
Hier je fus reçu par un bon paysan,
A qui, par parenthèse, avant qu'il soit un an,
Je prétends bien causer une douce surprise.
Ici je trouve encor, avec même franchise,
Plus de goût, plus de grâce, et j'admire, d'honneur !...

MADEMOISELLE D'ORFEUIL.

Vous aimez donc beaucoup à voyager, monsieur?

M. D'ORLANGE.

Ah! beaucoup. Est-il rien de plus doux dans la vie,
Que d'aller, de venir au gré de son envie?

MADEMOISELLE D'ORFEUIL.

Mais.... on se fixe enfin.

M. D'ORLANGE.

Eh mais! en vérité,
De se fixer ici l'on seroit bien tenté.
Où trouver, en effet, un lieu plus agréable,
Plus riant, et surtout un accueil plus aimable?
Mais je ne puis long-temps m'arrêter nulle part.

MADEMOISELLE D'ORFEUIL.

Vous arrivez, déja vous parlez de départ !

M. D'ORLANGE.

N'en parlons point ce soir; mais demain, dès l'aurore,
Il faudra...

JUSTINE.

Bon ! demain vous serez las encore.
Mais de la sorte enfin si toujours vous errez,
Jamais, en ce cas-là, vous ne vous marierez.

ACTE II, SCÈNE III.

M. D'ORLANGE.

On ne voyage pas toujours.

JUSTINE.

Oh! non, sans doute.
Un beau jour, par hasard, on trouve sur sa route...
Tel objet... qui vous plaît, qui sait vous engager;
Et l'on ne songe plus alors à voyager.

M. D'ORLANGE.

Peut-être bien qu'un jour ce sera mon histoire.
Cependant je serois par fois tenté de croire
Que je ne suis point fait pour être marié.

MADEMOISELLE D'ORFEUIL.

Pourquoi, monsieur?

M. D'ORLANGE.

Je crains d'être contrarié
Dans mes goûts; car je suis ennemi de la gêne;
Et l'hymen le plus doux est toujours une chaîne.

MADEMOISELLE D'ORFEUIL.

Cette chaîne est légère, et n'a rien d'effrayant.

M. D'ORLANGE.

J'aime la liberté.

MADEMOISELLE D'ORFEUIL.

Mais, en vous mariant,
Vous ne la perdrez point.

M. D'ORLANGE.

Les femmes sont charmantes.
Je le vois; mais souvent elles sont... exigeantes.
Elles veulent qu'on soit toujours à leurs côtés,
Qu'on prodigue les soins, les assiduités :
D'un tel effort je sens que je suis incapable;
Et je pourrois, par jour, être souvent coupable.

MADEMOISELLE D'ORFEUIL.
Il faudroit bien alors souvent vous pardonner.

M. D'ORLANGE.
Par fois, pendant un mois, je puis me promener.

MADEMOISELLE D'ORFEUIL.
Il faudroit bien encor pardonner cette absence :
Le devoir d'une femme est dans la complaisance.
Une fois prévenue...

M. D'ORLANGE.
Oh ! je l'en préviendrois ;
Car, si j'étois au point d'épouser, je voudrois
Connoître bien ma femme, être bien connu d'elle.

JUSTINE.
Oui-dà !

M. D'ORLANGE.
Je lui dirois : « Tenez, mademoiselle... »
Mais quoi ! je vous ennuie ?

MADEMOISELLE D'ORFEUIL.
Achevez, s'il vous plaît ;
Je prends à vos discours le plus vif intérêt.

JUSTINE.
(A part.)
Moi de même. Voyons où tout ceci nous mène.

M. D'ORLANGE.
« Je n'aimerai que vous, vous le croirez sans peine :
(Dirois-je à ma future...)

MADEMOISELLE D'ORFEUIL.
Oh ! oui, j'entends fort bien.

M. D'ORLANGE.
« Mais je suis né galant ; tel même, j'en convien,
« Que l'on pourroit, par fois, me croire un peu volage.
« Toute femme jolie a droit à mon hommage :

ACTE II, SCÈNE III.

« Trop heureux de lui plaire en tous temps, en tous lieux !
« Or, même après l'hymen, j'aurai toujours des yeux ;
« Et je croirai pouvoir, sans inspirer de doutes,
« Préférer une femme, et vouloir plaire à toutes. »

JUSTINE.

C'est tout simple. Sans doute aussi, de son côté,
Monsieur lui laisseroit la même liberté ;
Verroit avec plaisir, même après l'hyménée,
De mille adorateurs sa femme environnée,
Sourire à l'un, flatter cet autre d'un coup-d'œil,
Et faire à tout le monde un caressant accueil ;
Aux lieux publics, au bal, à la pièce nouvelle,
Partout aller sans lui, puisqu'il iroit sans elle ;
Et, comme vous disiez, fidèle à son époux,
Le préférer d'accord, mais vouloir plaire à tous.

M. D'ORLANGE.

Eh mais !...

JUSTINE.

Voilà pourtant ce qu'il faudroit permettre.

M. D'ORLANGE.

C'est ce qu'en vérité je n'oserois promettre.
Vous faites un portrait qui n'est pas séduisant.

MADEMOISELLE D'ORFEUIL.

Rassurez-vous, monsieur : Justine, en s'amusant,
A peint une coquette, et non.... votre future.

JUSTINE.

Quoi ! seriez-vous, monsieur, jaloux par aventure ?

M. D'ORLANGE.

Peut-être, un peu.

MADEMOISELLE D'ORFEUIL.

Pourtant il faudroit, entre nous,

Ou n'être point volage, ou n'être point jaloux ;
Sinon, vous aurez peine à trouver une femme.

M. D'ORLANGE.

Aussi je le sens bien dans le fond de mon âme ;
Je suis fait pour l'amour, mais très peu pour l'hymen.

JUSTINE, à part.

De bonne foi, du moins, il fait son examen.

M. D'ORLANGE.

Je dis ce que je pense ; excusez ma franchise.

MADEMOISELLE D'ORFEUIL.

Moi je vous en sais gré, s'il faut que je le dise.
En de tels sentiments j'ai regret de vous voir ;
Mais je suis très charmée, au fond, de le savoir.

M. D'ORLANGE.

Laissons donc là l'hymen, et parlons d'autre chose :
Aussi-bien, ce seroit s'inquiéter sans cause.

SCÈNE IV.

LES PRÉCÉDENTS, M. D'ORFEUIL.

M. D'ORFEUIL, de loin, à part.

Ah ! mon gendre n'a point un air embarrassé.
(Haut.)
Eh bien ! mon cher monsieur, êtes-vous délassé ?

M. D'ORLANGE.

Dès le moment qu'ici j'ai vu mademoiselle.

M. D'ORFEUIL.

Pardon, si je vous ai laissé seul avec elle.

M. D'ORLANGE.

C'est, au contraire, à moi de vous remercier.
Malheur à qui pourroit ne pas apprécier
Son charmant entretien, et la grâce qui brille !...

ACTE II, SCÈNE IV.

M. D'ORFEUIL.

Vous me flattez, monsieur. Il est vrai que ma fille
Lit beaucoup.

MADEMOISELLE D'ORFEUIL.

Ah ! plutôt j'écoute ce qu'on dit,
Mon père, et j'ai grand soin d'en faire mon profit.
Tel entretien instruit bien mieux qu'une lecture.

M. D'ORFEUIL.

Monsieur t'a donc conté quelque grande aventure ?
J'aime les voyageurs. Ils content volontiers,
Et moi j'écouterois pendant des jours entiers.
Je prends le plus souvent leurs récits pour des fables;
Car ils ont toujours vu des choses incroyables.
Êtes-vous voyageur, dans la force du mot ?

MADEMOISELLE D'ORFEUIL.

A quelque chose près.

JUSTINE, *à part.*

Florville n'est point sot.

M. D'ORFEUIL.

Contez-nous donc, monsieur, quelqu'étonnante histoire.

M. D'ORLANGE.

A quoi bon vous conter ? vous ne voulez rien croire,
Monsieur.

M. D'ORFEUIL.

Il est bien vrai que je suis prévenu :
Mais je ne vous veux pas traiter en inconnu.
Allons, je vous croirai, je le promets d'avance.
De quel pays, monsieur, êtes-vous ?

M. D'ORLANGE.

De Provence.

M. D'ORFEUIL.

De Provence? Voyez! je ne l'aurois pas cru :
Vous n'avez point l'accent.

M. D'ORLANGE.

C'est que j'ai tant couru!
En voyageant, l'accent diminue et s'efface.

JUSTINE, *bas, à sa maîtresse.*

Il ment fort bien.

MADEMOISELLE D'ORFEUIL, *bas, à Justine.*

Avec trop d'aisance et de grâce.

M. D'ORFEUIL.

Vous avez donc bien vu du pays?

M. D'ORLANGE.

Vous riez,
Monsieur; mais cependant, tel que vous me voyez,
J'ai déja parcouru presque l'Europe entière.

M. D'ORFEUIL.

L'Europe?

JUSTINE, *à part.*

Il n'a pas vu, je gage, la frontière.

M. D'ORFEUIL.

Comment voyagez-vous?

M. D'ORLANGE.

De toutes les façons,
Suivant les temps, les lieux et les occasions,
Par eau, comme par terre, à cheval, en voiture,
A pied même, pour mieux observer la nature.

JUSTINE.

Monsieur semble, en effet, curieux d'observer.

MADEMOISELLE D'ORFEUIL.

Et chacun en cela ne peut que l'approuver :
On voit bien mieux de près.

M. D'ORFEUIL.
                Je vous attends à table,
Monsieur : de questions d'abord je vous accable.
            M. D'ORLANGE.
De questions, monsieur ? ma foi, je mangerai,
Je le sens, beaucoup plus que je ne conterai.
Grâce jusqu'au dessert.
            M. D'ORFEUIL.
                Soit. Aussi-bien j'espère
Que nous nous reverrons.
            M. D'ORLANGE.
                Espérance bien chère !
J'aurois trop de regret de ne vous voir qu'un jour,
Si je n'avois du moins l'espoir d'un prompt retour.
            M. D'ORFEUIL.
J'y compte assurément. Aussi-bien, quand j'y pense,
C'est le chemin, je crois, pour aller en Provence.
            M. D'ORLANGE.
Eh mais ! quand il faudroit se détourner un peu,
Cent milles de chemin ne sont pour moi qu'un jeu.
Puis, comme vous disiez, c'est en effet la route.
Oui, dans ces lieux charmants je reviendrai sans doute ;
Mais souffrez que j'y mette une condition.
            M. D'ORFEUIL.
Laquelle donc ?
            M. D'ORLANGE.
            Eh oui ! votre réception
Me touche, me pénètre ; elle est et noble et franche.
Ne pourrai-je chez moi prendre un jour ma revanche ?
            M. D'ORFEUIL.
Eh mais !...

M. D'ORLANGE.
Promettez-moi d'y venir.
M. D'ORFEUIL.
En effet,
Votre invitation me flatte tout-à-fait;
Et je ne vous dis pas qu'un jour je n'y réponde.
Ce voyage seroit le plus joli du monde.
M. D'ORLANGE.
Mademoiselle... au moins, sans trop être indiscret,
J'ose le croire, alors, vous accompagneroit.
MADEMOISELLE D'ORFEUIL.
Partout, avec plaisir, j'accompagne mon père.
Cette partie auroit surtout droit de me plaire.
M. D'ORLANGE.
Ce que vous dites là me charme en vérité,
Mademoiselle; moi, j'ai toujours souhaité,
Lorsque je me mettois pour long-temps en campagne,
Au lieu d'un compagnon, d'avoir une compagne.
On part un beau matin, suivi d'un écuyer:
Elle est en amazone, ou bien en cavalier.
Tout prend autour de vous une face nouvelle :
L'air est plus doux, plus pur, la nature plus belle.
On s'arrête, on sourit, on se montre des yeux
Ce qu'on voit, on en parle; enfin on le voit mieux.
Est-on las? on descend au bord d'une fontaine;
Et dans ce doux repos on oublieroit sans peine
Le voyage lui-même. En un joli château
On arrive le soir, toujours *incognito*;
Car c'est là ma manière, et je hais, en voyage,
Tout appareil, tout faste et tout vain étalage.
De l'Europe, du monde on fait ainsi le tour,
Tout en se promenant. Quel plaisir, au retour,

Quand le soir, près du feu, l'on se rappelle ensemble
Ce qu'on a vu, tel jour, en tel endroit! Il semble
Qu'on le revoie encore, en se le racontant.

M. D'ORFEUIL.

Je crois voir tout cela moi-même, en écoutant;
Et vos riants tableaux me font jouir d'avance
Du plaisir que j'espère en allant en Provence.

M. D'ORLANGE.

Revenons en effet au point essentiel.
La Provence, on le sait, est sous le plus beau ciel!..

M. D'ORFEUIL.

Et vous avez, sans doute, une terre fort belle?

M. D'ORLANGE, *embarrassé.*

J'ai, très-jeune, quitté la maison paternelle,
Et n'en ai maintenant qu'un souvenir confus.
C'étoit un bel endroit! il doit l'être encor plus.

M. D'ORFEUIL.

Et dites-moi, la mer est-elle loin?

M. D'ORLANGE.

En face,
Je m'en souviens fort bien, au pied de la terrasse.
Un pareil souvenir ne s'efface jamais.

M. D'ORFEUIL.

C'est un coup-d'œil superbe!

M. D'ORLANGE.

Oh! je vous le promets.

JUSTINE.

Je verrai donc la mer une fois en ma vie!

MADEMOISELLE D'ORFEUIL.

J'ai toujours de la voir eu la plus grande envie.

M. D'ORLANGE.

Oh bien! c'est un plaisir qu'avant peu vous aurez;
Et même en pleine mer vous vous promenerez.

MADEMOISELLE D'ORFEUIL.

Mais... j'aurois peur, je crois.

M. D'ORLANGE.

Quelle foiblesse extrême!
Eh! craint-on quelque chose auprès de ce qu'on aime?...
(*Il se reprend.*)
Près d'un père?

M. D'ORFEUIL.

Monsieur, il est temps de souper;
Et de ce soin pressant je m'en vais m'occuper.
Voulez-vous bien venir, monsieur... monsieur d'Orlange?

JUSTINE, *à part.*

Le futur a joué son rôle comme un ange.

M. D'ORFEUIL.

(*A d'Orlange.*) (*A sa fille.*)
Venez. Ma fille, et toi, viens-tu?

MADEMOISELLE D'ORFEUIL.

Dans le moment,
Je vous rejoins, mon père.

M. D'ORFEUIL, *bas, à sa fille.*

Allons. Il est charmant.
(*Il emmène d'Orlange.*)

SCÈNE V.

MADEMOISELLE D'ORFEUIL, JUSTINE, *qui se regardent quelque temps.*

JUSTINE.

Eh bien, mademoiselle?

MADEMOISELLE D'ORFEUIL.

Ah! ma chère Justine!

JUSTINE.

Plaît-il?

MADEMOISELLE D'ORFEUIL.

Tu m'entends bien.

JUSTINE.

Je crois que je devine.

MADEMOISELLE D'ORFEUIL.

Voilà donc ce futur!

JUSTINE.

Le voilà.

MADEMOISELLE D'ORFEUIL.

Qui l'eût dit?

JUSTINE.

Qui? moi, mademoiselle? Oui, je vous l'ai prédit :
Auprès de ce héros charmant, imaginaire,
Le véritable époux n'est qu'un homme ordinaire :
En un mot, le premier a fait tort au second.

MADEMOISELLE D'ORFEUIL.

Ah! quelle différence!

JUSTINE.

Écoutez donc : au fond,
Vous auriez pu déchoir encore davantage;
Car, après tout, celui qui vous reste en partage
Est aimable...

MADEMOISELLE D'ORFEUIL.

Un tel mot est bien vague à présent.
De séduisants dehors, un babil amusant,
Dans le monde, voilà ce qui fait l'homme aimable;
Et Florville, à mes yeux, seroit fort agréable,
Si Florville, pour moi n'étoit qu'un étranger:
Mais c'est comme un époux que j'ai dû le juger.
Dans son époux, Justine, on a bien droit d'attendre
Un esprit droit, solide, un cœur sensible et tendre;
Et je ne trouve point tout cela dans le mien.

JUSTINE.

Qui vous l'a dit enfin?

MADEMOISELLE D'ORFEUIL.

Eh! tout son entretien.
Quelle légèreté!

JUSTINE.

C'étoit un badinage;
Il falloit bien, ainsi jouer son personnage.

MADEMOISELLE D'ORFEUIL.

Va, va, le caractère enfin perce toujours;
Et je le juge, moi, par ses propres discours,
Comme lui, vains, légers, inconséquents, frivoles.
Tiens, il s'est peint lui-même en fort peu de paroles :
Amant fort agréable, et fort mauvais époux.

JUSTINE.

C'est le juger, je pense, un peu vite, entre nous.
Il se peut bien qu'ici vous vous soyez trompée.
D'un beau portrait votre ame étoit préocupée.
Attendez donc du moins un second entretien,
Et vous verrez alors...

MADEMOISELLE D'ORFEUIL.

Allons, je le veux bien.

SCÈNE VI.

LES PRÉCÉDENTS, FRANÇOIS.

JUSTINE.

Qu'est-ce ?

FRANÇOIS, à *Justine*.

Je vous le donne à deviner en mille.
Encore un étranger qui demande un asile.

JUSTINE.

Comment ?...

FRANÇOIS.

Oh ! celui-ci s'est perdu tout de bon.

MADEMOISELLE D'ORFEUIL.

Et vous ne savez pas qui ce peut être ?

FRANÇOIS.

Non,
Mademoiselle ; il est tout-à-fait laconique.

JUSTINE.

Eh mais ! en vérité, la rencontre est unique.

MADEMOISELLE D'ORFEUIL.

Va-t-il monter ?

FRANÇOIS.

Il est au bout du corridor.

MADEMOISELLE D'ORFEUIL.

Avez-vous averti mon père ?

FRANÇOIS.

Pas encor.
J'y courois ; j'ai chargé quelqu'un de le conduire.

MADEMOISELLE D'ORFEUIL.

Écoutez. En ce lieu vous allez l'introduire.

Pour moi, je vais trouver mon père, de ce pas,
Et je l'avertirai; car je ne me sens pas,
En ce moment, d'humeur à recevoir du monde.
(Elle sort.)

SCÈNE VII.

JUSTINE, FRANÇOIS.

JUSTINE.

En jeunes voyageurs cette soirée abonde.

FRANÇOIS.

Tant mieux pour nous.

JUSTINE.

Je veux entrevoir celui-ci.

FRANÇOIS.

Vous êtes curieuse.

JUSTINE.

Un peu. Bon, le voici.
(Elle le regarde.)
Il n'est pas mal, pourtant moins joli que le nôtre.

FRANÇOIS.

Ils sont fort bien tous deux, et celui-ci vaut l'autre.

JUSTINE.

L'autre est notre futur. Adieu.
(Elle sort.)

SCÈNE VIII.

M. DE FLORVILLE, FRANÇOIS, UN LAQUAIS *qui sort après l'avoir introduit.*

FRANÇOIS.

Dans ce salon,
Voulez-vous bien, monsieur, attendre un instant?

ACTE II, SCÈNE VIII.

M. DE FLORVILLE.

Bon,
J'attends : vous avez l'air d'un serviteur fidèle.

FRANÇOIS.

Je n'ai pas grand mérite à servir avec zèle.
De tout le monde ici mon maître est adoré.
Je suis né près de lui, près de lui je mourrai ;
Car je me crois vraiment encor dans ma famille.

M. DE FLORVILLE.

Oui? votre maître... a-t-il des enfants?

FRANÇOIS.

Une fille.

M. DE FLORVILLE.

Aimable?

FRANÇOIS.

Oh! oui. Partout on vante sa beauté.
Un pauvre serviteur ne voit que la bonté.
Nous la perdrons bientôt ; cela me désespère.

M. DE FLORVILLE.

On va la marier?

FRANÇOIS.

Hélas! monsieur son père
Arrive pour cela de Moulins.

M. DE FLORVILLE.

Savez-vous,
Dites-moi, ce que c'est que son futur époux?

FRANÇOIS.

C'est un fort galant homme, et d'un mérite rare,
A ce que dit monsieur, pourtant un peu bizarre.

M. DE FLORVILLE.

Bizarre?

FRANÇOIS.

Oui, singulier, dit-on.

M. DE FLORVILLE.

Est-il aimé ?

FRANÇOIS.

Je ne vous dirai pas ; mais, sans être informé
De ces secrets, je crois qu'une honnête personne
Aime d'avance assez le mari qu'on lui donne.
Pardon.

(Il sort.)

SCÈNE IX.

M. DE FLORVILLE, seul.

Je suis content de ce court entretien ;
De ma jeune future il dit beaucoup de bien.
Rarement un valet dit du bien de son maître :
Celui-ci pour Florville est loin de me connoître.
Sachons adroitement cacher notre secret.
D'avoir pris ce parti je n'ai point de regret.
Jusqu'ici mon hymen s'étoit traité par lettre,
Et si j'avois voulu jusqu'au bout le permettre,
Une dernière lettre eût servi de mandat,
Dont le porteur quelconque eût signé le contrat.
Moi je veux, quelques jours avant la signature,
Observer mon beau-père, et voir si ma future
A du sens, de l'esprit, des vertus, des appas,
Me convient, en un mot, ou ne me convient pas.
Qu'on trouve mon projet raisonnable ou bizarre,
N'importe : si je suis content, je me déclare :
Si je ne le suis point, je demeure inconnu,
Et je repars bientôt comme je suis venu.

Trop heureux, en manquant un mauvais mariage,
D'en être quitte encor pour les frais du voyage!

SCÈNE X.

M. DE FLORVILLE, M. D'ORLANGE.

M. D'ORLANGE, *à part, de loin.*
Où donc est-il? Je suis curieux de le voir.
(*Haut.*)
Ah! bon. C'est moi, monsieur, qui viens vous recevoir.

M. DE FLORVILLE.
J'ai l'honneur de parler probablement au maître?..

M. D'ORLANGE.
Il est sorti.

M. DE FLORVILLE.
Je vois monsieur son fils, peut-être?..

M. D'ORLANGE.
Je ne suis point parent.

M. DE FLORVILLE.
Je me trompe, pardon :
Monsieur est, je le vois, ami de la maison.

M. D'ORLANGE.
Moi! point du tout : bientôt je le serai, sans doute.
Je suis un voyageur, égaré de sa route,
Qui, charmé de l'accueil qu'en ces lieux je reçoi,
Et que vous recevrez, sans doute, ainsi que moi,
Viens vous féliciter.

M. DE FLORVILLE.
Monsieur...

M. D'ORLANGE.
Je veux moi-même
Vous présenter ici.

M. DE FLORVILLE, *à part*.

Quel est ce zèle extrême?

M. D'ORLANGE.

Nous sommes bien tombés, monsieur, en vérité.

M. DE FLORVILLE.

Oui !

M. D'ORLANGE.

Notre hôte est d'un cœur ! surtout d'une gaîté !
Sur ma foi, vous serez ravi de le connoître.

M. DE FLORVILLE.

C'est assez, en un soir, d'un étranger peut-être.

M. D'ORLANGE.

Vous ne connoissez pas le maître de ces lieux,
Je le vois.

M. DE FLORVILLE.

Vous semblez le connoître un peu mieux.

M. D'ORLANGE.

Qui? moi! j'arrive aussi. Compagnons d'infortune,
La consolation à tous deux est commune.

M. DE FLORVILLE.

Je ne me flatte point d'avoir le même accueil.

M. D'ORLANGE.

Comme moi, vous plairez dès le premier coup-d'œil.

M. DE FLORVILLE.

A cet espoir flatteur, allons, je m'abandonne.

M. D'ORLANGE.

J'en réponds. Vous verrez une jeune personne !..
C'est sa fille.

M. DE FLORVILLE.

J'entends.

ACTE II, SCÈNE X.

M. D'ORLANGE.

Charmante. Sa beauté,
Peu commune, est encor sa moindre qualité.
C'est un air, un maintien qui d'abord vous enchante;
C'est dans tous ses discours une grâce touchante,
Qui m'a ravi d'abord.

M. DE FLORVILLE.

Oui, je vois en effet...

M. D'ORLANGE.

D'honneur! je ne sais pas comment cela s'est fait.
De mon premier abord elle a paru charmée :
Par degrés... que dirai-je? elle s'est animée;
Elle a beaucoup d'esprit, de sensibilité.
Moi, j'ai de l'abandon, de la franche gaîté :
Quand on sent que l'on plaît, on en est plus aimable.
Mon hommage, en un mot, lui seroit agréable,
Ou je me trompe fort.

M. DE FLORVILLE.

Mais vraiment, je le crois.
Vous la voyez ce soir pour la première fois?

M. D'ORLANGE.

Sans doute.

M. DE FLORVILLE, *à part.*

Tout ceci cache-t-il un mystère?
(*Haut.*)
Et... comptez-vous, monsieur, suivre un peu cette affaire?

M. D'ORLANGE.

Je le voudrois. Mais quoi! je ne puis : dès demain,
Il faudra, vers Paris, poursuivre mon chemin.

M. DE FLORVILLE.

Dès demain?

M. D'ORLANGE.

Oui, vraiment : une raison très forte
M'appelle...

M. DE FLORVILLE.

Il faut toujours que le devoir l'emporte.

M. D'ORLANGE.

Allez-vous à Paris, monsieur?

M. DE FLORVILLE, *à part.*

Je puis mentir.

(*Haut.*)
Oui, j'y vais.

M. D'ORLANGE.

En ce cas, nous pourrons donc partir.
Ensemble?

M. DE FLORVILLE.

Volontiers.

M. D'ORLANGE.

Oh ! le charmant voyage !
Il nous paroîtra court celui-là, je le gage ;
Henriette fera les frais de l'entretien :
Henriette est le nom de la jeune...

M. DE FLORVILLE.

Ah ! fort bien.

(*A part.*)
Ce monsieur m'apprendra le nom de ma future.

M. D'ORLANGE.

Mais je n'en reviens pas. Quelle heureuse aventure !
Je sens que pour jamais elle va nous lier.
Peut-être trouvez-vous ce début familier :
Mais quoi ! les voyageurs font bientôt connoissance.
Quoique notre amitié ne soit qu'à sa naissance,
Je sens qu'elle ira loin.

ACTE II, SCENE X.

M. DE FLORVILLE.
Ah! monsieur!..
M. D'ORLANGE.
C'est au point
Que l'amour, non l'amour, ne nous brouilleroit point.
M. DE FLORVILLE.
Vous croyez?
M. D'ORLANGE.
J'en suis sûr. Ce seroit bien dommage!
Mais si la même belle obtenoit notre hommage,
Et qu'elle eût prononcé; l'autre, quoiqu'à regret,
Céderoit sans murmure, et se retireroit.
M. DE FLORVILLE.
L'effort seroit cruel pour une âme sensible.
M. D'ORLANGE.
A l'amitié, monsieur, il n'est rien d'impossible.
D'ailleurs, aimons ensemble où nous verrons deux sœurs;
Et cette double intrigue aura mille douceurs.
M. DE FLORVILLE.
Mais si je soupirois pour une fille unique,
Et que vous survinssiez...?
M. D'ORLANGE.
Bon! bon! terreur panique!
M. DE FLORVILLE.
Je le suppose.
M. D'ORLANGE.
Alors, c'est un point convenu;
Monsieur, que l'un de nous cède au premier venu.
M. DE FLORVILLE.
Mais...
M. D'ORLANGE.
Par exemple, ici, si j'aimois Henriette,

Théâtre. Com. en vers.

Vous seriez confident de ma flamme secrette ;
Et moi, je vous rendrois même service ailleurs.

SCÈNE XI.

LES PRÉCÉDENTS, OLIVIER.

OLIVIER.

Voulez-vous bien passer dans le salon, messieurs ?

M. D'ORLANGE.

Pour souper ?

OLIVIER.

A l'instant.

M. D'ORLANGE, à Florville.

Venez, je vous présente.

M. DE FLORVILLE.

Je vous suis obligé.

M. D'ORLANGE.

La rencontre est plaisante.
En un soir, ce n'est pas être heureux à demi :
Je trouve un doux asile, et je fais un ami.

M. DE FLORVILLE, à part.

Ma foi ! si j'y comprends un seul mot, que je meure !
Serois-je donc ici venu trop tard, d'une heure ?

(*Ils sortent ensemble. Olivier les suit.*)

FIN DU SECOND ACTE.

ACTE TROISIÈME.

SCÈNE I.

M. DE FLORVILLE, *seul.*

Je n'ai pu fermer l'œil. Oui, j'en ferai l'aveu,
Ce jeune homme m'occupe et m'inquiète un peu.
Aime-t-il Henriette? Ah! rien n'est plus possible :
Peut-on la voir, l'entendre, et rester insensible?
Dès le premier abord, je sens qu'elle m'a plu.
Grâce, esprit, elle a tout; et peu s'en est fallu
Que bientôt, abjurant une inutile feinte,
Je ne me déclarasse. Une nouvelle crainte
Me retient : prenons garde à ce jeune inconnu :
Quel dommage pourtant, s'il m'avoit prévenu!

SCÈNE II.

MADEMOISELLE D'ORFEUIL, M. DE FLORVILLE.

MADEMOISELLE D'ORFEUIL.

Vous vous êtes, dit-on, promené de bonne heure,
Monsieur?

M. DE FLORVILLE.

  J'ai parcouru cette aimable demeure;
Elle paroît charmante.

MADEMOISELLE D'ORFEUIL.

    Ah! charmante!... Ces lieux
N'ont rien que de champêtre.

M. DE FLORVILLE.

                Ils m'en plaisent bien mieux.
Je hais ces beaux châteaux et leur vaine parure :
Non, il n'est rien de tel que la simple nature.

MADEMOISELLE D'ORFEUIL.

Monsieur aimeroit donc ce paisible séjour ?

M. DE FLORVILLE.

Je le préférerois à la ville, à la cour;
J'aime les prés, les bois, surtout la solitude.
Là, sans ambition et sans inquiétude,
Dans un parfait repos, dans un calme enchanteur,
Loin d'un monde importun, et seul avec mon cœur,
Je sens que, si j'avois une aimable compagne,
Je passerois ma vie au sein de la campagne.

MADEMOISELLE D'ORFEUIL.

Dans vos souhaits, monsieur, je retrouve mes goûts.
J'aime aussi la retraite.

M. DE FLORVILLE.

                Oui; mais expliquons-nous :
J'entends une retraite isolée et profonde,
Et non celle où toujours le voisinage abonde.

MADEMOISELLE D'ORFEUIL.

Ce n'est pas celle-là que je veux dire aussi,
Monsieur; et nous voyons très peu de monde ici.

M. DE FLORVILLE.

Sans doute, je le crois, puisque vous me le dites :
Mais, en un soir, voilà cependant deux visites.

MADEMOISELLE D'ORFEUIL.

Oui, qui nous ont surpris fort agréablement,
Mais que mon père et moi n'attendions nullement.

M. DE FLORVILLE.

Pas même la première ? Eh quoi ! mademoiselle,

ACTE III, SCÈNE II.

Ce monsieur qui d'abord m'a montré tant de zèle,
N'est donc qu'un voyageur égaré?

MADEMOISELLE D'ORFEUIL.

Je le vois,
Ainsi que vous, monsieur, pour la première fois.

M. DE FLORVILLE.

Ce jeune homme... paroît on ne peut plus aimable,
Mademoiselle.

MADEMOISELLE D'ORFEUIL.

Il est d'une humeur agréable;
Et le premier coup-d'œil, en effet, est pour lui.

M. DE FLORVILLE.

Mais c'est déja beaucoup, et surtout aujourd'hui...

MADEMOISELLE D'ORFEUIL.

Nous parlions des plaisirs qu'à la campagne on goûte.
Vous les peignez si bien! et moi, je vous écoute
En personne qui sent tout ce que vous peignez.
Ces innocents plaisirs, ailleurs trop dédaignés,
Je les savoure ici : j'y vis très solitaire.
Une autre trouveroit cette retraite austère :
Eh bien! ma solitude a pour moi des appas.

M. DE FLORVILLE.

Ah! je le crois. D'ailleurs cela ne surprend pas.
Vous vivez près d'un père et respectable et tendre :
Vous faites son bonheur.

MADEMOISELLE D'ORFEUIL.

Je tâche de lui rendre
Les soins qu'il prit de moi, dès mes plus jeunes ans;
Heureuse de pouvoir, par mes soins complaisants,
Écarter loin de lui les ennuis, la tristesse,
Qui suivent et souvent précèdent la vieillesse!

Il aime la musique : eh bien ! chaque dessert,
Monsieur, soir et matin, est suivi d'un concert.

M. DE FLORVILLE.

Fort bien.

MADEMOISELLE D'ORFEUIL.

Je suis, de plus, sa lectrice ordinaire.
Ma manière de lire a le don de lui plaire :
Doux emploi ! tous nos soirs sont bien vite écoulés.

M. DE FLORVILLE.

(*Très vivement.*)   (*En se reprenant.*)
Ah ! je vous aiderai... ce soir, si vous voulez,
Vous vous reposeriez....

MADEMOISELLE D'ORFEUIL.

Je vous suis obligée.
Quand mon père sourit, je me sens soulagée.

M. DE FLORVILLE.

Mademoiselle, eh bien ! je le dirai tout bas :
Car un autre en riroit ; mais vous n'en rirez pas.
J'ai passé quatre hivers auprès de mon aïeule :
Jamais, jamais un soir je ne la laissai seule.
Je faisois sa partie, ensuite je lisois ;
Je l'écoutois, surtout ; enfin, je l'amusois ;
Et moi j'étois heureux en la voyant heureuse.
Sa mémoire, à la fois, m'est chère et douloureuse.

MADEMOISELLE D'ORFEUIL.

Que vous me rappelez un touchant souvenir !
Une mère ! pardon, je ne puis retenir
Mes pleurs....

M. DE FLORVILLE.

Les retenir ! pourquoi, mademoiselle ?
Ah ! gardez-vous-en bien : la cause en est trop belle ;

Et croyez qu'avec vous plutôt je pleurerois :
Qui connut vos plaisirs, doit sentir vos regrets.
J'éprouve en ce moment un charme inexprimable :
Non, je n'ai jamais eu d'entretien plus aimable.
Hélas ! pourquoi faut-il que des moments si doux
S'échappent aussi vite !

    MADEMOISELLE D'ORFEUIL.

        Il ne tiendra qu'à vous,
Monsieur, de prolonger....

    M. DE FLORVILLE.

        Ah ! mon unique envie
Eût été de passer ici toute ma vie :
Mais peut-être en ces lieux n'ai-je que peu d'instants....
L'autre étranger ici restera-t-il long-temps,
Mademoiselle ?

    MADEMOISELLE D'ORFEUIL.

       Eh mais !... je l'ignore ; mon père
Fera près de vous deux tous ses efforts, j'espère ;
Et.... nous reparlerions de l'emploi de nos soirs.

    M. DE FLORVILLE.
Et, tout en rappelant les soins et les devoirs
Auxquels nous avons vu tant d'heures consacrées,
Nous passerions encor de bien douces soirées.

    MADEMOISELLE D'ORFEUIL.
Mais voici l'étranger.

    M. DE FLORVILLE.
      Il est toujours riant.

    MADEMOISELLE D'ORFEUIL.
Oui....

    M. DE FLORVILLE, *à part.*
Comme elle paroît émue en le voyant !

SCÈNE III.

LES PRÉCÉDENTS, M. D'ORLANGE.

M. D'ORLANGE.

D'un aimable entretien je crains de vous distraire,
D'être importun.

M. DE FLORVILLE.

  Monsieur est bien sûr du contraire.

M. D'ORLANGE.

Moi! point du tout, d'honneur! je puis être indiscret:
Je sens qu'en pareil cas un tiers me gêneroit.

M. DE FLORVILLE, *à part.*

Fort bien! vous allez voir que c'est moi qui le gêne.

M. D'ORLANGE, *à Florville.*

Je suis un paresseux; mais j'en porte la peine :
Vous m'avez prévenu.

M. DE FLORVILLE.

  Bien plus heureusement,
Vous me sûtes hier prévenir....

M. D'ORLANGE.

  D'un moment,
Ma venue en ces lieux a devancé la vôtre.
Ah! nous sommes, monsieur, bien heureux l'un et l'autre.
Eus-je tort, quand hier je vous félicitai?
Le portrait que j'ai fait vous paroit-il flatté?

M. DE FLORVILLE.

Il s'en faut bien.

MADEMOISELLE D'ORFEUIL.

  Messieurs, épargnez-moi, de grâce;
Ou vous m'obligerez...

ACTE III, SCÈNE III.

M. DE FLORVILLE.
Une telle menace
Nous impose silence.

M. D'ORLANGE.
Oui, changeons de sujet.
Il faut que je vous conte un rêve que j'ai fait.
Ce qui frappe le jour, la nuit nous le rappelle.
Ainsi je rêvois donc à vous, mademoiselle.
Je vous voyois partout, au château, dans le bois ;
Et je vous voyois... telle enfin que je vous vois.
De cette vision mon âme étoit charmée.
Mais quoi ! je sens mes yeux se remplir de fumée.
Je les ouvre : je vois quelque lueur briller :
J'entends même de loin la flamme pétiller.
Inquiet, de mon lit aussitôt je m'élance,
Et je vais voir.... partout règne un profond silence.
Un instinct me conduit à votre appartement.

M. DE FLORVILLE.
Cet instinct est heureux.

M. D'ORLANGE.
Oui, le feu, justement,
Avoit pris, par malheur, près de mademoiselle.
Chez Justine.

MADEMOISELLE D'ORFEUIL.
Ah ! bon dieu !

M. D'ORLANGE.
Faites grâce à mon zèle.
On est bien dispensé de politesse alors.
Je pousse votre porte, et, redoublant d'efforts,
Je l'enfonce.... Déja vous étiez éveillée,
D'une robe légère à la hâte habillée :

Je vous prends dans mes bras... nouvelle excuse encor :
Je veux vous emporter au fond du corridor.
Mais, quoi! déja la flamme en barroit le passage.

M. DE FLORVILLE.

Que faire?

M. D'ORLANGE, *à mademoiselle d'Orfeuil.*

Mon manteau vous couvre le visage,
Même aux dépens du mien : moi, je risquois si peu!
Je vous enlève enfin, tout au travers du feu,
Et vais vous déposer, aussi morte que vive,
Dans la cour, où bientôt monsieur lui-même arrive,
Suivi de votre père : il s'en étoit chargé ;
Car tous deux, entre nous, nous avions partagé
Le bonheur de sauver cette chère famille :
Monsieur portoit le père, et je portois la fille.

M. DE FLORVILLE.

Tout en rêvant, monsieur, vous choisissez fort bien.
Ce poids est plus léger et plus doux que le mien.

MADEMOISELLE D'ORFEUIL.

En ce cas qui jamais n'arrivera, j'espère,
C'est me servir le mieux que de sauver mon père.

M. D'ORLANGE.

Oh! j'aurois eu le temps de vous sauver tous deux.
Vous reprenez vos sens, et vous ouvrez les yeux.
Le plaisir me réveille en sursaut; je me lève,
Et je vois à regret que ce n'étoit qu'un rêve.

MADEMOISELLE D'ORFEUIL.

Mille grâces, monsieur, d'un si généreux soin :
Mais il vaut encor mieux n'en avoir pas besoin.

SCÈNE IV.

LES PRÉCÉDENTS, M. D'ORFEUIL.

M. D'ORFEUIL, *de loin*.

Messieurs, vous paroissez en bonne intelligence.
Les voyageurs entre eux font bientôt connoissance.

M. D'ORLANGE.

C'est ce que je disois.

M. DE FLORVILLE.

Et surtout on la fait
Si vite avec monsieur !

M. D'ORFEUIL.

Oui, d'abord, en effet
J'ai vu que nos humeurs étoient bien assorties.

M. D'ORLANGE.

Monsieur....

M. D'ORFEUIL.

Ah ! c'est qu'il est d'heureuses sympathies.
Hein ?... qu'en dis-tu, ma fille ?

MADEMOISELLE D'ORFEUIL.

Oui, sans doute, il en est.
Mon père, je le sens....

M. D'ORFEUIL.

Ta franchise me plaît.

M. DE FLORVILLE, *à part*.

Je joue ici vraiment un joli personnage.

M. D'ORFEUIL.

Avez-vous vu, messieurs, mon petit apanage ?

M. DE FLORVILLE.

Oui, ce matin, partout je me suis promené.

M. D'ORFEUIL.

Il faut que je vous montre, avant le déjeuné,
Des oiseaux, des faisans que j'aime à la folie.

M. D'ORLANGE.

Monsieur sera charmé de la faisanderie.

M. D'ORFEUIL.

Bon! vous l'avez vue?

M. D'ORLANGE.

Oui, j'en sors.

M. D'ORFEUIL *à part.*

Il l'entend bien.
Il veut avec sa femme avoir un entretien.
(*Haut.*)
En ce cas, vous allez rester avec ma fille.
(*A Florville.*)
Vous, monsieur, venez voir ma petite famille.

MADEMOISELLE D'ORFEUIL, *à d'Orlange.*

Monsieur la reverroit peut-être avec plaisir.

M. D'ORLANGE.

Oh! mon dieu, point du tout; je l'ai vue à loisir.

MADEMOISELLE D'ORFEUIL.

Mais ne vous gênez point; car vous craignez la gêne.

M. D'ORLANGE.

Eh! non, depuis une heure, au moins, je me promène.

M. D'ORFEUIL, *à d'Orlange.*

Vous êtes las : d'ailleurs, nous reviendrons bientôt.

M. D'ORLANGE.

Ne vous pressez point trop : voyez tout comme il faut.

M. DE FLORVILLE.

Mais... cette promenade, on pourroit la remettre.

ACTE III, SCÈNE IV.

M. D'ORFEUIL.

Non, voilà le moment. Monsieur veut bien permettre.
Venez, vous allez voir quelque chose de beau.

M. DE FLORVILLE, *saluant mademoiselle d'Orfeuil.*
Il n'étoit pas besoin de sortir du château.

(*Il sort avec M. d'Orfeuil.*)

SCÈNE V.

MADEMOISELLE D'ORFEUIL, M. D'ORLANGE.

M. D'ORLANGE.

Au fait, je n'ai rien vu de tout cela : qu'importe?

MADEMOISELLE D'ORFEUIL.

Pourquoi donc, en ce cas, feignez-vous de la sorte?

M. D'ORLANGE.

J'ai si peu de moments à passer près de vous !
Et j'irai perdre, moi, des instants aussi doux !...

MADEMOISELLE D'ORFEUIL.

Eh mais ! la fiction vous paroît familière,
Monsieur.

M. D'ORLANGE.

Ah ! pardonnez : ce sera la dernière.
J'ai bien vu des châteaux pareils à celui-ci,
Mais rien de comparable à ce qu'on voit ici.

MADEMOISELLE D'ORFEUIL.

Je croyois que monsieur aimoit la promenade.

M. D'ORLANGE.

D'accord ; mais tel plaisir est insipide et fade
Près d'un plaisir plus grand. Je l'aime, j'en conviens ;
Mais j'aime encore mieux un touchant entretien...
Non pas celui d'hier : oubliez-le, de grâce,
Tel qu'un songe léger que le réveil efface ;
Car je suis bien changé depuis hier.

Théâtre. Com. en vers.

MADEMOISELLE D'ORFEUIL.
Sitôt?
Je ne le croyois pas.
M. D'ORLANGE.
Ah! souvent, il ne faut
Qu'un instant, qu'un coup-d'œil. Une seule étincelle
Cause un grand incendie. Hier, mademoiselle,
J'étois un voyageur, distrait, toujours errant,
Qui jamais ne se fixe, et voit tout en courant.
Mais ce matin...
MADEMOISELLE D'ORFEUIL.
Eh bien?
M. D'ORLANGE.
Quelle métamorphose
Vient de se faire en moi! Je suis... hélas! je n'ose
Dire ce que je suis. Si vous pouviez!
MADEMOISELLE D'ORFEUIL.
Pardon :
De deviner, monsieur, je n'eus jamais le don.
M. D'ORLANGE.
Mon secret est pourtant bien facile à comprendre.
MADEMOISELLE D'ORFEUIL.
En ce cas, ce n'est pas à moi qu'il faut l'apprendre;
Et puisque vous voulez enfin vous déclarer,
Faites-le; jusque-là, je dois tout ignorer.
(Elle sort.)

SCÈNE VI.

M. D'ORLANGE, *seul.*

CETTE espèce d'aveu n'a point paru déplaire;
Du moins, elle n'a pas témoigné de colère.

Cependant, je ne suis qu'un simple voyageur.
Même à voir de son front la subite rougeur,
Et la mélancolie en ses regards empreinte,
Du trait qui m'a blessé j'ose la croire atteinte :
J'admire, en vérité, l'avenir qui m'attend.
Il est flatteur... Oui, mais... quand j'y songe pourtant,
Si ce nouvel amour, si ce doux hyménée,
Bornoient, en son essor, ma haute destinée !
Car, à juger d'après ce qui m'est arrivé,
Aux grands évènements je me sens réservé.
Je puis me faire un nom, et, dans mon ministère,
Servir le roi, l'état, pacifier la terre.
De quelque emploi brillant je puis me voir charger,
Et de nouveau peut-être il faudra voyager.
Sans vouloir pénétrer dans les choses futures,
Les voyages sur mer sont remplis d'aventures.
    (*Arrivant par degrés à une espèce de rêverie et
    de vision.*)
Le vaisseau, sur lequel je m'étois embarqué,
Par un corsaire turc, en route, est attaqué...
Je défends, presque seul, mon timide équipage...
Mais enfin le grand nombre accable mon courage,
Et je me rends... Les Turcs, charmés de ma valeur,
Me proclament leur chef, à la place du leur
Qu'avoit tué mon bras. Le sort me favorise :
Je signale leur choix par mainte et mainte prise,
Et parviens, par degrés, à de très hauts emplois...
Le capitan-pacha, jaloux de mes exploits,
Me dénonce au visir ; il prétend qu'on me chasse...
On le chasse lui-même, et je monte à sa place...
— « Pacha, dit le visir, les Russes sont là ; cours,
« Et bats-les. » Je les bats ; puis je prends, en trois jours,

Ismailow, Okzakow, Crimée et Valachie...
Mon nom devient fameux par toute la Turquie...
Le sultan, qui dans moi voit son plus ferme appui,
Me fait son gendre : il meurt; et je règne après lui.
(Au comble du délire.)
Me voilà donc le chef de la sublime Porte !...
Mais ma religion, mais mon culte !... Qu'importe
La mitre, le turban, tous les cultes divers?
Mon dogme est d'adorer le dieu de l'univers.
Il est celui des Turcs; et tous, à mon exemple,
Vont ne bénir qu'un Dieu, dont le monde est le temple.
Ce n'est pas que je sois jaloux d'être empereur ;
Mais instruire un grand peuple et faire son bonheur,
Voilà la gloire unique, oui...

SCÈNE VII.

M. D'ORLANGE, VICTOR.

[N. B. *Victor est déjà entré sur la scène, et sans être vu, a écouté, depuis ces mots : Le capitan-pacha,* etc.)

VICTOR *se prosternant.*

SULTAN !...

M. D'ORLANGE.

Eh bien ! qu'est-ce?
Que veut-on?

VICTOR.

Au sérail on attend ta hautesse...

M. D'ORLANGE, *se croyant encore le grand-seigneur.*

Quel est l'audacieux?...

VICTOR.

La sultane, à l'instant,
Va servir le café, le sorbet. Elle attend.

ACTE III, SCÈNE VII.

M. D'ORLANGE.

Eh mais!... c'est toi, Victor. Malheureux! tu m'éveilles.

VICTOR.

C'est dommage; en rêvant, vous faites des merveilles.
Je suis un criminel : je vous ai détrôné.
Pardon. Aussi jamais s'est-on imaginé...?

M. D'ORLANGE.

Eh! Victor, chacun fait des châteaux en Espagne ;
On en fait à la ville, ainsi qu'à la campagne;
On en fait en dormant, on en fait éveillé.
Le pauvre paysan, sur sa bêche appuyé,
Peut se croire, un moment, seigneur de son village.
Le vieillard, oubliant les glaces de son âge,
Se figure aux genoux d'une jeune beauté,
Et sourit; son neveu sourit de son côté,
En songeant qu'un matin du bonhomme il hérite.
Telle femme se croit sultane favorite;
Un commis est ministre; un jeune abbé, prélat;
Le prélat... Il n'est pas jusqu'au simple soldat,
Qui ne se soit un jour cru maréchal de France ;
Et le pauvre, lui-même, est riche en espérance.

VICTOR.

Et chacun redevient Gros-Jean comme devant.

M. D'ORLANGE.

Eh bien! chacun, du moins, fut heureux en rêvant.
C'est quelque chose encor que de faire un beau rêve.
A nos chagrins réels c'est une utile trêve.
Nous en avons besoin : nous sommes assiégés
De maux, dont à la fin nous serions surchargés,
Sans ce délire heureux qui se glisse en nos veines.
Flatteuse illusion! doux oubli de nos peines!

Oh! qui pourroit compter les heureux que tu fais?
L'espoir et le sommeil sont de moindres bienfaits.
Délicieuse erreur! tu nous donnes d'avance
Le bonheur, que promet seulement l'espérance.
Le doux sommeil ne fait que suspendre nos maux;
Et tu mets à la place un plaisir : en deux mots,
Quand je songe, je suis le plus heureux des hommes;
Et dès que nous croyons être heureux, nous le sommes.

VICTOR.

A vous entendre, on croit que vous avez raison.
Un déjeuné pourtant seroit bien de saison;
Car, en fait d'appétit, on ne prend point le change;
Et ce n'est pas manger que de rêver qu'on mange.

M. D'ORLANGE.

A propos... il raisonne assez passablement.

(Il sort.)

SCÈNE VIII.

VICTOR, seul.

Il est fou... là... se croire un sultan! seulement!
On peut bien quelquefois se flatter dans la vie.
J'ai, par exemple, hier, mis à la loterie;
Et mon billet enfin pourroit bien être bon.
Je conviens que cela n'est pas certain : oh! non.
Mais la chose est possible, et cela doit suffire.
Puis, en me le donnant, on s'est mis à sourire,
Et l'on m'a dit : « Prenez, car c'est là le meilleur. »
Si je gagnois pourtant le gros lot!... quel bonheur!
J'acheterois d'abord une ample seigneurie...
Non, plutôt une bonne et grasse métairie,
Oh! oui! dans ce canton, j'aime ce pays-ci;
Et Justine, d'ailleurs, me plaît beaucoup aussi.

J'aurai donc, à mon tour, des gens à mon service !
Dans le commandement je serai peu novice :
Mais je ne serai point dur, insolent, ni fier,
Et me rappellerai ce que j'étois hier.
Ma foi, j'aime déja ma ferme à la folie.
Moi, gros fermier !... j'aurai ma basse-cour remplie
De poules, de poussins que je verrai courir !
De mes mains, chaque jour, je prétends les nourrir.
C'est un coup-d'œil charmant, et puis cela rapporte.
Quel plaisir, quand le soir, assis devant ma porte,
J'entendrai le retour de mes moutons bêlants,
Que je verrai de loin revenir à pas lents
Mes chevaux vigoureux et mes belles génisses !
Ils sont nos serviteurs, elles sont nos nourrices.
Et mon petit Victor, sur son âne monté,
Fermant la marche avec un air de dignité !
Plus heureux que monsieur... le grand turc sur son trône,
Je serai riche, riche, et je ferai l'aumône.
Tout bas, sur mon passage, on se dira : « Voilà
« Ce bon monsieur Victor »; cela me touchera.
Je puis bien m'abuser; mais ce n'est pas sans cause :
Mon projet est, au moins, fondé sur quelque chose,
            (Il cherche.)
Sur un billet. Je veux revoir ce cher... Eh ! mais...
Où donc est-il ? tantôt encore je l'avois.
Depuis quand ce billet est-il donc invisible ?
Ah ! l'aurois-je perdu ? seroit-il bien possible ?
Mon malheur est certain : me voilà confondu.
      (Il crie.)
Que vais-je devenir ? Hélas ! j'ai tout perdu.

SCÈNE IX.

VICTOR, JUSTINE.

JUSTINE.

Qu'avez-vous donc perdu, monsieur ?

VICTOR.

Ma métairie.

JUSTINE.

Votre ?...

VICTOR.

Ah ! mademoiselle, excusez, je vous prie ;
Venez m'aider, de grâce, à retrouver nos fonds.

JUSTINE.

Vos fonds ? expliquez-vous.

VICTOR.

Venez, je vous réponds
Que vous vous obligez vous-même la première.
Nous sommes ruinés, madame la fermière.

(*Ils sortent ensemble.*)

FIN DU TROISIÈME ACTE

ACTE QUATRIÈME.

SCÈNE I.
M. D'ORFEUIL, M. D'ORLANGE.

M. D'ORLANGE *l'amène mystérieusement.*

Bon. Je puis donc ici vous parler sans témoin,
Et vous ouvrir mon cœur; car j'en ai grand besoin.

M. D'ORFEUIL *sourit.*

Quel est donc ce mystère?

M. D'ORLANGE.

Ah! si vous pouviez lire
Dans ce cœur!...

M. D'ORFEUIL, *toujours de même.*

Vous avez quelque chose à me dire,
Je le vois; mais saurai-je à la fin ce secret?

M. D'ORLANGE.

Oui; c'est assez long-temps avoir été discret.

M. D'ORFEUIL.

Sans doute; puis, pour vous je suis porté d'avance,
Et je vous saurai gré de votre confiance.

M. D'ORLANGE.

Eh bien! puisque je peux librement m'exprimer,
Votre chère Henriette a trop su me charmer.

M. D'ORFEUIL.

Vraiment?

M. D'ORLANGE.

Elle est aimable, et moi je suis né tendre:
En un mot, je l'adore; et si j'osois prétendre
A sa main, cet hymen feroit tout mon bonheur.

M. D'ORFEUIL.

Monsieur... assurément vous me faites honneur.

M. D'ORLANGE.

Vous trouvez ma demande un peu prompte, peut-être;
Mais il est naturel de se faire connoître.

M. D'ORFEUIL.

Bon !

M. D'ORLANGE.

Mon nom...

M. D'ORFEUIL.

M'est connu.

M. D'ORLANGE.

Mon oncle...

M. D'ORFEUIL.

C'est assez ;
Abrégeons un détail inutile : avancez.

M. D'ORLANGE.

Mais...

M. D'ORFEUIL.

Je connois fort bien toute votre famille.
Vous dites donc, monsieur, que vous trouvez ma fille...?

M. D'ORLANGE.

Ah ! monsieur, adorable.

M. D'ORFEUIL.

Allons, j'en suis charmé;
Et d'elle, à votre tour, croyez-vous être aimé?

M. D'ORLANGE.

Je m'en flatte.

M. D'ORFEUIL.

Moi-même aussi je le soupçonne.
Écoutez, je vais voir notre jeune personne;

ACTE IV, SCÈNE I.

J'espère que tous trois serons bientôt d'accord.
Car, si vous lui plaisez, vous me convenez fort.

(Il sort.)

M. D'ORLANGE.

Et vous aussi, monsieur.

SCÈNE II.

M. D'ORLANGE, *seul.*

Mais comme tout s'arrange !
J'aime, je plais, j'épouse... O trop heureux d'Orlange !
Qui m'auroit dit hier, lorsque je m'égarois,
Qu'au maître de ces lieux bientôt j'appartiendrois ?
Qu'en ce château, moi-même... Il est un peu gothique :
Mais je rajeunirai cet édifice antique.
Le père est un brave homme, il entendra raison ;
Car je suis, à peu près, maître de la maison.
Ces grands appartements sont vraiment détestables.
Nos bons aïeux étoient des gens fort respectables ;
Mais ils ne savoient pas distribuer jadis.
Dans cette pièce, moi, je vous en ferai dix.
Passons dans le jardin ; car c'est là que je brille.
Je fais ôter d'abord cette triste charmille...
Quoi ! je fais tout ôter. Nous avons du terrain :
Voilà tout ce qu'il faut pour créer un jardin.
J'en ai fait vingt ; ils sont tous dans mon portefeuille.
Entre mille sentiers bordés de chèvre-feuille,
Il en est un bien sombre : on n'y voit rien du tout ;
Et l'on est étonné, quand on arrive au bout,
De voir... Qu'y verra-t-on ? un Amour, un vieux temple ?
Un kiosque ? oh ! non, rien d'étonnant ; par exemple,
Un petit pavillon, au dehors tout uni,
Plus modeste en dedans ; le luxe en est banni :

On gâte la nature, et moi je la respecte.
Du pavillon, moi seul, je serai l'architecte :
Je serai jardinier aussi : je planterai
Des arbrisseaux, des fleurs : je les arroserai ;
Car j'aurai sous ma main une source d'eau pure,
Et tout autour de moi la plus belle verdure...
De ce lieu tout mortel est d'avance exilé.
Mon beau-père et ma femme en auront seuls la clé.
Là, je rêve, je lis ; tapi dans ma retraite,
Je vois, du coin de l'œil, la timide Henriette
Qui vient pour me surprendre, et marche à petit bruit,
Retenant son haleine ; elle ouvre et s'introduit.
Ah! si la solitude est douce en elle-même,
Je sens qu'elle est plus douce auprès de ce qu'on aime.

SCÈNE III.

M. D'ORLANGE, MADEMOISELLE D'ORFEUIL, JUSTINE.

M. D'ORLANGE.

Le ciel, mademoiselle, a comblé tous mes vœux :
A votre père ici j'ai déclaré mes feux.

MADEMOISELLE D'ORFEUIL.

Oui, monsieur, je le sais.

M. D'ORLANGE.

     L'impatience est grande ;
Mais vous m'aviez permis de faire la demande.

JUSTINE.

Il ne faut pas vous dire une chose deux fois.

M. D'ORLANGE.

Non, vraiment. Et ma noce ? oh ! d'ici je la vois.

ACTE IV, SCÈNE III.

Tous les préparatifs sont déja dans ma tête.
Un aimable désordre embellira la fête :
Repas champêtre et gai, des danses, des chansons,
Des enfants, des vieillards, les filles, les garçons ;
Je veux que de leurs cris tout le bois retentisse.
Le soir, spectacle, jeu, concert, feu d'artifice...
Que vous dirai-je enfin ? tout ce qu'on peut avoir.

JUSTINE.

Mon dieu ! que tout cela sera charmant à voir !
Hâtez donc, ma maîtresse, une aussi belle noce.

MADEMOISELLE D'ORFEUIL.

Mais le plan, ce me semble, en est un peu précoce.
Le jour n'est pas si près...

M. D'ORLANGE.

Il n'est, je crois, pas loin.
(*Voyant arriver Florville.*)
Je veux que mon ami, d'ailleurs, en soit témoin.

SCÈNE IV.

LES PRÉCÉDENTS ; M. DE FLORVILLE.

M. DE FLORVILLE, *qui a entendu le dernier vers.*
Je vous suis obligé.

MADEMOISELLE D'ORFEUIL.

Pardon, je me retire ;
J'obéirai, c'est tout ce que je puis vous dire.

M. D'ORLANGE.

Ah ! c'est en dire assez.
(*Mademoiselle d'Orfeuil sort avec Justine.*)

Théâtre. Com. en vers.

SCÈNE V.

M. D'ORLANGE, M. DE FLORVILLE.

M. D'ORLANGE.

Vous le voyez, mon cher.
Cela s'entend, je crois.

M. DE FLORVILLE.

Oh! oui, rien n'est plus clair.
Mais cette affaire-ci s'est menée un peu vite.

M. D'ORLANGE.

En effet. A ma noce, au moins, je vous invite.

M. DE FLORVILLE.

Mille grâces, monsieur : je repars à l'instant.

M. D'ORLANGE.

Quoi! vous partez? sur vous j'avois compté pourtant.

M. DE FLORVILLE.

En vérité... je suis on ne peut plus sensible...

M. D'ORLANGE.

Faites-moi ce plaisir.

M. DE FLORVILLE.

Il ne m'est pas possible.

M. D'ORLANGE.

Félicitez-moi donc, je vous prie.

M. DE FLORVILLE.

En effet,
Vous êtes fort heureux : enfin, il se pouvoit
Qu'Henriette déja fût promise à quelqu'autre,
Qu'auriez-vous fait alors?

M. D'ORLANGE.

Quel scrupule est le vôtre?

ACTE IV, SCÈNE V.

Je trouverois, d'honneur, on ne peut plus plaisant
De supplanter d'abord, presque chemin faisant,
Quelque futur époux qui ne s'en doute guère :
Toute ruse est permise en amour comme en guerre.

M. DE FLORVILLE.

Fort bien : mais c'est blesser pourtant les droits d'autrui.

M. D'ORLANGE.

Est-ce ma faute, à moi, si je plais mieux que lui ?

M. DE FLORVILLE.

Mais ce futur époux se fût montré peut-être.

M. D'ORLANGE.

Tant mieux : j'aurois été charmé de le connoître.

M. DE FLORVILLE, *faisant un geste.*

Et... si...

M. D'ORLANGE.

  Je vous entends : je ne me bats pas mal.
Je suis même en état d'épargner mon rival :
Je ne le tuerois point.

M. DE FLORVILLE.

    Vous êtes bien honnête :
S'il vous tuoit ?

M. D'ORLANGE.

   Eh bien ! si le destin m'apprête
Une si belle mort, soit ; je m'y dévouerai,
Monsieur ; par deux beaux yeux heureux d'être pleuré !
Mais c'est mal à propos s'inquiéter sans doute.
C'est mettre tout au pis ; car je veux qu'il m'en coûte
Une blessure ou deux : je ne m'en plaindrois pas,
Et ma blessure même a pour moi mille appas.
Lentement du château je regagne la porte ;
Ou, si je ne le puis, mon valet m'y rapporte.

Lorsque l'on est blessé, qu'on est intéressant!
Peut-être... le beau sexe est si compatissant!
De sa main... pourquoi non? Jadis les demoiselles
Soignoient les chevaliers qui se battoient pour elles.
Mon Henriette est tendre : oui, le matin, le soir,
Auprès de son malade elle viendra s'asseoir.
Bayard fut, comme moi, blessé, malade à Bresse :
Mais Bayard près de lui n'avoit point sa maîtresse.
La mienne à mon chevet s'établira : je croi
Qu'elle fera monter son clavecin chez moi.
Tantôt d'un roman tendre elle fait la lecture,
Et nous nous retrouvons dans plus d'une peinture.
Un jour... il m'en souvient, en un endroit charmant,
Ma lectrice s'arrête involontairement,
Pousse un soupir, sur moi jette à la dérobée
Un regard!... de ses yeux une larme est tombée.
Ah! si je suis malade, elle n'est guère mieux;
Et mon état, vraiment, est si délicieux,
Que je voudrois, je crois, ne guérir de ma vie.

M. DE FLORVILLE.

D'être malade ainsi vous donneriez l'envie.
Vous voyez l'avenir comme on voit le passé.
Mais quoi! si par malheur vous n'étiez pas blessé?

M. D'ORLANGE.

Bon! rien de tout ceci n'arrivera peut-être;
Et ce futur époux est bien loin de paroître.
Mais de votre départ je suis très affligé;
Car vous m'êtes si cher!...

M. DE FLORVILLE.

Je vous suis obligé.
Je vais prendre à l'instant congé....

M. D'ORLANGE.

De mon beau-père?

M. DE FLORVILLE.

Oui, monsieur.

M. D'ORLANGE.

Nous pourrons nous retrouver, j'espère,
Quelque part... dans l'Europe, en un mot, nous revoir.

M. DE FLORVILLE.

Je ne sais....

M. D'ORLANGE.

Je serois enchanté de pouvoir
Vous être utile.

M. DE FLORVILLE.

Eh mais!...

M. D'ORLANGE.

Obliger ceux qu'on aime,
Qu'on estime surtout, c'est s'obliger soi-même.

M. DE FLORVILLE.

Monsieur...

M. D'ORLANGE, *frappé tout à coup d'une idée.*

Mais, à propos, ne vous tenez pas loin.
D'un honnête homme, un jour, je puis avoir besoin.
Je ne m'explique pas; mais j'ai sur vous des vues...
N'en dites mot. Adieu.

(*Il sort.*)

SCÈNE VI.

M. DE FLORVILLE, *seul.*

Mais je tombe des nues.
Il épouse, et je suis éconduit! Je le voi :
C'est que probablement on l'aura pris pour moi.

Je pourrois d'un seul mot me faire reconnoître....
Mais non, elle aime l'autre; il est trop tard peut-être;
Et je l'affligerois, sans être plus heureux.
Cet hymen, cependant, eût comblé tous mes vœux.
Le père me convient, et la jeune personne
Est charmante : il est vrai qu'elle se passionne
Un peu vite... Eh! pourquoi me suis-je déguisé?
Pour ce monsieur, vraiment, le triomphe est aisé.
Un autre, là-dessus, lui chercheroit querelle....
Mais pourquoi? sa méprise est assez naturelle...
Il arrive; on lui fait un gracieux accueil;
Il aime, et croit avoir plu du premier coup-d'œil.
Laissons-lui son erreur; elle est trop agréable,
Et deviendra bientôt un bonheur véritable.
Ah! puisqu'excepté moi, tout le monde est content,
Ne dérangeons personne, et partons à l'instant.
Oui...

SCÈNE VII.

M. DE FLORVILLE, M. D'ORFEUIL.

M. DE FLORVILLE.

Monsieur, recevez mes adieux...

M. D'ORFEUIL.

Bon! qu'entends-je?
Vous partez?

M. DE FLORVILLE.

A l'instant.

M. D'ORFEUIL.

Mais quel dessein étrange!
Vous n'en avez rien dit à déjeuné.

ACTE IV, SCÈNE VII.

M. DE FLORVILLE.

     Depuis,
Je me suis consulté, monsieur et je ne puis
Trop tôt, je le sens bien, continuer ma route.

M. D'ORFEUIL.

Bon! avant de partir, vous dinerez, sans doute?

M. DE FLORVILLE.

Mille grâces : il faut que je parte à l'instant.

M. D'ORFEUIL.

Je crains d'être indiscret, monsieur, en insistant.
Mais, quelques jours plus tard, vous verriez une chose...
Qui vous plairoit.

M. DE FLORVILLE.

    J'ai fait une assez longue pause.
De m'amuser, monsieur, je n'ai point le loisir,
Et ne pourrois d'autrui que troubler le plaisir.

M. D'ORFEUIL.

Vous êtes bien méchant.

SCÈNE VIII.

LES PRÉCÉDENTS, MADEMOISELLE D'ORFEUIL.

M. D'ORFEUIL.

     Ah! croirois-tu, ma chère,
Que monsieur veut partir?

MADEMOISELLE D'ORFEUIL, *avec un peu de dépit.*

     Apparemment, mon père,
Monsieur a des raisons pressantes...

M. DE FLORVILLE.

     Je n'en ai
Qu'une, mais qui m'oblige à partir sans délai.

M. D'ORFEUIL.

Si vous aviez passé seulement la journée,
Nous aurions fait la plus agréable tournée,
Dans mes prés, dans mes bois, tous les quatre, ce soir...

M. DE FLORVILLE.

J'ai vu tout, ce matin.

M. D'ORFEUIL.

Vous n'avez pu tout voir.

M. DE FLORVILLE.

J'ai vu ce qui pouvoit me toucher davantage.

M. D'ORFEUIL.

Vous ne connoissez point les moulins, l'ermitage...

M. DE FLORVILLE.

Ce n'est pas là ce qui m'intéressoit le plus.

MADEMOISELLE D'ORFEUIL.

Mon père, nous faisons des efforts superflus.

M. DE FLORVILLE, *à part.*

Quelle froideur extrême !

MADEMOISELLE D'ORFEUIL, *à part.*

Ah ! quelle indifférence !

M. D'ORFEUIL.

J'ose vous demander, du moins, la préférence,
Au retour.

M. DE FLORVILLE.

Pardonnez... je voyage si peu !
Je dis à ce pays un éternel adieu.

MADEMOISELLE D'ORFEUIL.

Ce matin même encore il paroissoit vous plaire.

M. DE FLORVILLE.

J'emporte, en le quittant, un regret bien sincère.

Croyez qu'en ce paisible et champêtre séjour
J'aurois voulu, monsieur, demeurer plus d'un jour.
Mais je ne suis pas fait pour être heureux, sans doute.
   MADEMOISELLE D'ORFEUIL, *à part.*
Ni moi non plus. Combien un tel effort me coûte!
    M. DE FLORVILLE, *à part.*
La force m'abandonne : il faut quitter ces lieux.
   (*Haut.*)
C'en est trop ; je m'oublie en ces touchants adieux.
     M. D'ORFEUIL.
Je vais...
    M. DE FLORVILLE.
  De grâce...
     M. D'ORFEUIL.
      Au moins, jusqu'à votre voiture...
    M. DE FLORVILLE
Non, ne me suivez pas, monsieur, je vous conjure.
Mille remerciments de vos généreux soins.
Adieu, mademoiselle ; et puissiez-vous, du moins,
Puissiez-vous, dans l'hymen qui pour vous se prépare,
Rencontrer le bonheur! bonheur, hélas! si rare,
Et que vous avez droit cependant d'espérer.
     M. D'ORFEUIL.
Aussi l'espérons-nous, j'ose vous l'assurer.
Ce que vous souhaitez est une affaire faite.
    M. DE FLORVILLE.
Déja? mademoiselle est donc bien satisfaite?
     M. D'ORFEUIL.
On ne peut plus. Voyez : elle rougit.
    M. DE FLORVILLE.
      Je vois.
Adieu, monsieur, adieu, pour la dernière fois.
      (*Il sort.*)

SCÈNE IX.

M. D'ORFEUIL, MADEMOISELLE D'ORFEUIL.

M. D'ORFEUIL.

Ce jeune homme est honnête, il faut que j'en convienne :
Mais il a l'humeur sombre ; et ce n'est pas la mienne.

MADEMOISELLE D'ORFEUIL.

Il a quelques chagrins.

M. D'ORFEUIL.

     Il pouvoit les cacher :
Ce n'est pas nous, je crois, qui l'avons pu fâcher.

MADEMOISELLE D'ORFEUIL.

Il est honnête, au fond. Je lui crois l'âme tendre,
Un esprit délicat.

M. D'ORFEUIL.

    Va, j'aime mieux mon gendre.
Quel air ouvert et franc ! comme il est toujours gai !
Quel aimable babil ! quelle grâce !

MADEMOISELLE D'ORFEUIL.

      Il est vrai
Qu'il a de l'enjouement, surtout de la franchise.
Mais j'aurois souhaité, s'il faut que je le dise,
Qu'il eût moins d'amour-propre et de légèreté,
Plus de réflexion, de sensibilité ;
Tendre penchant qui sied si bien aux belles âmes !
En un mot, je voudrois...

M. D'ORFEUIL.

     Vous voilà bien, mesdames !
Vous souhaitez toujours ce que vous n'avez pas.
Moi, du gendre que j'ai je fais le plus grand cas.
Mais le voici.

MADEMOISELLLE D'ORFEUIL.
Pardon...
M. D'ORFEUIL.
Tu sors? Eh mais! demeure.
MADEMOISELLE D'ORFEUIL.
Permettez-moi; je vais revenir tout à l'heure.
(*Elle sort.*)

SCÈNE X.

M. D'ORFEUIL, M. D'ORLANGE.

M. D'ORFEUIL.
Ah! mon gendre, bonjour. Je vous trouve à propos.
Je vous ai seulement dit, en courant, deux mots.
M. D'ORLANGE.
Deux mots essentiels; ils couronnoient ma flamme.
M. D'ORFEUIL.
Je gage qu'à présent, dans le fond de votre âme,
Vous pardonnez, monsieur, à votre oncle...
M. D'ORLANGE.
Comment?
M. D'ORFEUIL.
Sa lettre vous trahit; mais c'étoit sûrement
Pour vous rendre service.
M. D'ORLANGE.
Eh mais!... daignez permettre.
Car je ne comprends pas : vous parlez d'une lettre
De mon oncle?
M. D'ORFEUIL.
Eh oui.
M. D'ORLANGE.
Quoi! mon oncle vous écrit?

LES CHATEAUX EN ESPAGNE.

M. D'ORFEUIL.
Oui, votre oncle lui-même.

M. D'ORLANGE.
Allons donc! monsieur rit.

M. D'ORFEUIL.
Mais point du tout.

M. D'ORLANGE.
O ciel! que ma surprise est grande!
Est-il bien vrai?

SCÈNE XI.

LES PRÉCÉDENTS, VICTOR.

VICTOR, à M. d'Orfeuil.
MONSIEUR... quelqu'un là-bas demande
A vous parler.

M. D'ORFEUIL.
(A M. d'Orlange, en s'en allant.)
J'y vais. Oui, j'étois prévenu;
Et d'avance, mon cher, vous étiez reconnu.
Au revoir.

SCÈNE XII.

M. D'ORLANGE, VICTOR.

M. D'ORLANGE.
Ah! Victor, qu'est-ce donc qu'il veut dire?
Si je l'en crois, mon oncle...

VICTOR.
Eh bien?

M. D'ORLANGE.
Lui vient d'écrire.

ACTE IV, SCÈNE XII.

VICTOR.

Bon!

M. D'ORLANGE.

Se peut-il? comment me savoit-il ici?
Je ne puis...

VICTOR.

Je m'en vais vous expliquer ceci.
Un oncle a bien écrit, mais ce n'est pas le vôtre;
Car vous saurez, monsieur, qu'on vous prend pour un autre.

M. D'ORLANGE.

Pour un autre! et pour qui?

VICTOR.

Pour un futur époux;
Pour celui qui vint hier, deux heures après nous,
Qui repart à l'instant, et vous cède la place.

M. D'ORLANGE.

Que dis-tu? je m'y perds. Répète donc, de grâce...

VICTOR.

Oui, monsieur : un valet m'apprend qu'un prétendu,
Nommé Florville, étoit d'Abbeville attendu,
En simple voyageur qui venoit pour surprendre.
Vous parûtes; d'abord, on vous prit pour le gendre :
De là, l'aimable accueil dont vous fûtes charmé;
Voilà pourquoi sitôt vous vous crûtes aimé,
Pourquoi vous épousez. Vous passez pour Florville,
Et l'on croit que c'est vous qui venez d'Abbeville.

M. D'ORLANGE.

Ah! je comprends enfin... J'étois surpris aussi
De voir... Mais quoi! Florville est encor près d'ici...
Viens, suis-moi.

VICTOR.

Qu'est-ce donc, monsieur, je vous supplie?

M. D'ORLANGE.

Je vais te l'expliquer.

(*Il sort.*)

VICTOR, *en s'en allant.*

Encor quelque folie.

FIN DU QUATRIÈME ACTE

ACTE CINQUIÈME.

SCÈNE I.

M. D'ORLANGE, seul.

Victor est donc parti ! je crois qu'il l'atteindra ;
Et s'il l'atteint, sans doute il le ramènera.
Mon billet est pressant. Je fais un sacrifice,
Cruel, mais qu'après tout il falloit que je fisse.
D'une méprise, moi, je ne puis abuser.
Cet homme est le futur ; c'est à lui d'épouser.
Florville épousera, car j'en fais mon affaire.
Je n'ai qu'une frayeur, et c'est d'avoir su plaire.
Mais Florville est fort bien. Il a d'ailleurs des droits.
Puis, je vais disparoître. Avec le temps, je crois,
On pourra m'oublier... comme amant ; car sans doute
De ce château souvent je reprendrai la route ;
Il est si doux de voir les heureux qu'on a faits !
Ah ! l'accueil qui m'attend paiera tous mes bienfaits.
Dès qu'on me voit, ce sont des transports d'allégresse !...
On vole à ma rencontre, on accourt, on s'empresse,
Et le père, et le gendre, et les petits enfants.
Henriette me dit... que ces mots sont touchants !
« Mon ami, vous voyez la plus heureuse mère !...
« Je vous dois mon bonheur, mes enfants et leur père. »
Serois-je plus heureux, si j'étois son époux ?
Quelqu'un vient : c'est le père, allons, amusons-nous,
En attendant Victor.

SCÈNE II.

M. D'ORFEUIL, M. D'ORLANGE.

M. D'ORFEUIL.

Vous voulez bien permettre?...
Vous rêvez, ce me semble.

M. D'ORLANGE.

Oui; je rêve...

M. D'ORFEUIL.

A la lettre?
A cet oncle indiscret?

M. D'ORLANGE.

Mais, en effet, Dorval
A trahi son neveu pour vous; c'est assez mal.

M. D'ORFEUIL.

Vous pouvez l'accuser, mais je ne puis m'en plaindre :
Car pourquoi le neveu s'avise-t-il de feindre?

M. D'ORLANGE.

Il avoit ses raisons pour en user ainsi.

M. D'ORFEUIL.

Pour le trahir, son oncle eut les siennes aussi.
Savez-vous bien, monsieur, qu'en gardant l'anonyme,
De son propre artifice on est souvent victime?

M. D'ORLANGE.

Oui, le gendre, en effet, pouvoit vous échapper?
Mais, monsieur, il n'est pas aisé de vous tromper.

M. D'ORFEUIL.

J'en conviens... A propos, parlons de mariage,
L'objet de vos désirs et de votre voyage.

M. D'ORLANGE.

Pour une telle fête on viendroit de plus loin.
J'ai dépêché Victor pour cela : j'ai besoin

De son retour.
M. D'ORFEUIL.
J'entends.
M. D'ORLANGE.
Tenez, je suis sincère;
Je sens que l'étranger nous étoit nécessaire,
Et j'ai regret de voir qu'il se soit en allé.
M. D'ORFEUIL.
J'en suis fâché : mais quoi ! je m'en suis consolé.
M. D'ORLANGE.
Ce monsieur gagneroit à se faire connoître.
M. D'ORFEUIL.
Je ne sais.
M. D'ORLANGE.
En ces lieux il reviendra peut-être.
M. D'ORFEUIL.
J'ai fait de vains efforts pour obtenir ce point.
M. D'ORLANGE.
Je serois très fâché, s'il ne revenoit point.
M. D'ORFEUIL.
Parlons de vous, Florville : allons, plus de d'Orlange.
M. D'ORLANGE.
Si Florville est heureux, je ne perds point au change.
M. D'ORFEUIL.
Ni ma fille non plus; justement, la voici.

SCÈNE III.

M. D'ORLANGE, MADEMOISELLE D'ORFEUIL,
M. D'ORFEUIL.

M. D'ORFEUIL, *à sa fille*.
Eh bien ! voilà Florville, et tout est éclairci.

MADEMOISELLE D'ORFEUIL.

Il est vrai.

M. D'ORFEUIL.

Tu dois donc enfin être contente.

MADEMOISELLE D'ORFEUIL.

Mon père...

M. D'ORLANGE.

Si l'effet répond à mon attente,
Je crois que vous n'aurez plus rien à désirer.

M. D'ORFEUIL.

Bon. Pour la noce, moi, je vais tout préparer.
Je vous laisse tous deux; car vous avez, je pense,
A vous faire en secret plus d'une confidence.

M. D'ORLANGE.

Ah! oui.

(*M. d'Orfeuil sort.*)

SCÈNE IV.

MADEMOISELLE D'ORFEUIL, M. D'ORLANGE.

M. D'ORLANGE, *à part*.

De mon rival servons les intérêts.

MADEMOISELLE D'ORFEUIL, *à part*.

C'en est fait; écartons d'inutiles regrets.

M. D'ORLANGE.

Florville, en se montrant, peut-il aussi vous plaire?

MADEMOISELLE D'ORFEUIL.

Je suivrai, sur ce point, les ordres de mon père.

M. D'ORLANGE.

Cela ne suffit pas, non : vous voyez en moi
Votre futur époux, vous l'acceptez : mais quoi !
Si je ne l'étois point?

MADEMOISELLE D'ORFEUIL.

Eh mais! monsieur, vous l'êtes.

M. D'ORLANGE.

Je vais vous confier mes alarmes secrètes.

MADEMOISELLE D'ORFEUIL, *vivement.*

Vos alarmes, monsieur? quel sujet?..

M. D'ORLANGE.

Entre nous,
Je crains de n'être pas assez digne de vous.

MADEMOISELLE D'ORFEUIL.

Vous êtes trop modeste.

M. D'ORLANGE.

Ah! je me rends justice.
J'ai (car d'avance il faut que je vous avertisse)
Mille défauts, d'honneur, pour un mari, s'entend.
Je me connois; je suis vif, volage, inconstant;
Et capricieux même, il faut que je le dise.

MADEMOISELLE D'ORFEUIL.

Vous avez le mérite, au moins, de la franchise.

M. D'ORLANGE.

C'est en me comparant avec l'autre étranger,
Que je me suis trouvé vain, étourdi, léger...
Ce jeune homme est vraiment on ne peut plus aimable;
Qu'en dites-vous?

MADEMOISELLE D'ORFEUIL.

Il est tout-à-fait estimable.

(*A part.*)
Voudroit-il m'éprouver?

M. D'ORLANGE.

Eh! voilà ce qu'il faut...
Dans un époux. Tenez, je l'observois tantôt.

Ses discours sont remplis de raison, de justesse;
Ils respirent la grâce et la délicatesse :
Je vous assure enfin qu'il vaut bien mieux que moi.

MADEMOISELLE D'ORFEUIL.

Vous plaisantez...

M. D'ORLANGE.

Moi! non, je suis de bonne foi.
A vos charmants attraits j'ai cru le voir sensible :
Qui ne le seroit pas?.. Et s'il étoit possible
Que lui-même, à son tour, il eût pu vous toucher!
Dites-le : je suis homme à l'envoyer chercher...
Que vous dirai-je enfin? à lui céder moi-même
Tous mes droits... si j'en ai.

MADEMOISELLE D'ORFEUIL.

Quelle noblesse extrême!
Mais, encore une fois, il n'est plus question
De vain déguisement, de supposition;
Et quant à l'étranger dont vous parlez sans cesse,
Cet éloge suppose un soupçon qui me blesse,
Monsieur, et qui nous fait injure à tous les trois.

M. D'ORLANGE.

Ah! c'est vous qui bientôt me connoîtrez, je crois.

SCÈNE V.

MADEMOISELLE D'ORFEUIL, M. D'ORLANGE, VICTOR *qui entre mystérieusement, et a l'air de vouloir parler en secret à son maître.*

MADEMOISELLE D'ORFEUIL.

Mais Victor semble avoir quelque chose à vous dire.

M. D'ORLANGE, *voulant emmener Victor.*

Je vais..

MADEMOISELLE D'ORFEUIL.
Restez : c'est moi, monsieur, qui me retire.
(Elle sort.)

SCÈNE VI.

M. D'ORLANGE, VICTOR.

M. D'ORLANGE.

Eh bien?

VICTOR.

Il va venir : il est à deux cents pas.
Il a pris son parti.

M. D'ORLANGE.

Bon. Je n'en doutois pas.
Et ma lettre?...

VICTOR.

A propos, voulez-vous bien permettre?...
Mais qu'avez-vous donc mis, monsieur, dans votre lettre ?

M. D'ORLANGE.

Comment?

VICTOR.

C'est qu'en l'ouvrant, il a d'abord pâli ;
Puis il a pris un air... un air... là... très poli,
Mais extraordinaire. « Oh ! oui, j'irai sans doute,
« (A-t-il dit.) Je comptois poursuivre au loin ma route ;
« Mais ceci me retient. Vite (dit-il alors
« Au postillon), retourne au château d'où tu sors... »
Et tenez, le voici.

M. D'ORLANGE.

Va, laisse-nous ensemble.
(Victor sort.)

SCÈNE VII.

M. D'ORLANGE, M. DE FLORVILLE.

M. D'ORLANGE.

Ah! vous voilà, monsieur? c'est charmant.

M. DE FLORVILLE.

Il me semble
Que de mon prompt retour vous n'avez pu douter.

M. D'ORLANGE.

Non, je vous connoissois assez pour m'en flatter.

M. DE FLORVILLE.

Dites-moi donc, monsieur, par quelle fantaisie
Ce rendez-vous ici? la place est mal choisie.

M. D'ORLANGE.

Eh! je la trouve, moi, choisie on ne peut mieux;
Notre affaire se doit terminer en ces lieux.

M. DE FLORVILLE.

Mais c'étoit dans le bois qu'il eût fallu nous rendre.

M. D'ORLANGE.

Dans le bois?

M. DE FLORVILLE.

Oui.

M. D'ORLANGE.

Ma foi, je ne puis vous comprendre,
Monsieur.

M. DE FLORVILLE.

Votre billet est assez clair, pourtant;
Lisez.

(*Il le lui remet.*)

M. D'ORLANGE *lit.*

« Voulez-vous bien revenir à l'instant?

« Ne demandez que moi ; j'ai deux mots à vous dire ;
« Gardez qu'on ne vous voie. » Ah !...
(Il rit.)

M. DE FLORVILLE.

Cela vous fait rire ?

M. D'ORLANGE.

Il est vrai : je commence à comprendre à présent.
La méprise est piquante, et rien n'est plus plaisant.
(*D'un ton martial.*)
Attendez, je reviens.
(Il sort.)

SCÈNE VIII.

M. DE FLORVILLE, seul.

Il faut que je l'attende !

Il me rappelle ; il veut qu'en ces lieux je me rende ;
Je revole à l'instant ; et monsieur n'est pas prêt !...
Si, par malheur, ici monsieur d'Orfeuil paroît ?...
Je crains pour le futur sa tendresse inquiète....
Hélas ! je crains surtout de revoir Henriette.
Quel prétexte donner pour ce retour soudain ?
Je suis bien malheureux ! J'ai des droits à sa main :
J'arrive : mais je vois qu'un autre est aimé d'elle :
Je me tais, et je pars... Il faut qu'on me rappelle !
On vient,... c'est elle ! Ah ! ciel !

SCÈNE IX.

MADEMOISELLE D'ORFEUIL, M. DE FLORVILLE.

MADEMOISELLE D'ORFEUIL, *de loin, sans voir Florville.*

FLORVILLE dans ces lieux
(*Apercevant Florville.*)
M'avoit dit que quelqu'un me demandoit... Ah dieux !
(*Haut.*)
C'est vous, monsieur ?

M. DE FLORVILLE.

Ma vue a droit de vous surprendre,
J'en conviens.

MADEMOISELLE D'ORFEUIL.

Il est vrai que je ne puis comprendre...

M. DE FLORVILLE.

Moi-même... assurément... j'ai peine à concevoir...
Je ne me flattois pas de jamais vous revoir.

MADEMOISELLE D'ORFEUIL.

Et... ne peut-on savoir quel sujet vous ramène ?

M. DE FLORVILLE.

Quel sujet ? c'est.... pardon. Une affaire soudaine...
Cet autre voyageur, votre futur époux...
Ici, pour un instant, m'a donné rendez-vous.
Je me suis empressé de revenir.

MADEMOISELLE D'ORFEUIL.

Mon père
De cette occasion profitera, j'espère.

M. DE FLORVILLE.

Je ne sais : votre père a reçu mes adieux.

ACTE V, SCÈNE IX.

MADEMOISELLE D'ORFEUIL.

Je les avois reçus moi-même... Il seroit mieux
De le revoir aussi.

M. DE FLORVILLE.

Je ne fais que paroître ;
Ma visite, à présent, le troubleroit peut-être.
Il est, je le présume, occupé du futur,
D'un hymen qui s'apprête...

MADEMOISELLE D'ORFEUIL.

Oh ! cela n'est pas sûr.

M. DE FLORVILLE.

Il annonçoit, ce semble, une union prochaine.

MADEMOISELLE D'ORFEUIL.

Oui, j'étois sur le point de serrer une chaîne
Qui me pesoit d'avance, et j'en aurois gémi.
Mon père, heureusement, est mon meilleur ami.
Je viens d'ouvrir mon cœur à cet excellent père :
Il consent, en un mot, que l'hymen se diffère.

M. DE FLORVILLE.

A ce futur époux je faisois trop d'honneur :
Je le croyois aimé.

MADEMOISELLE D'ORFEUIL.

Vous étiez dans l'erreur.

M. DE FLORVILLE.

Un autre plus heureux, du moins je le soupçonne,
L'a prévenu...

MADEMOISELLE D'ORFEUIL.

Croyez que je n'aimois personne,
Avant qu'il vînt.

M. DE FLORVILLE, *à part*.

Personne ? Ai-je bien entendu ?
Oh dieu ! l'espoir enfin me seroit-il rendu ?

(*Haut.*)
Votre cœur seroit libre encor, mademoiselle?

MADEMOISELLE D'ORFEUIL, *à part.*
Hélas!

M. DE FLORVILLE.
Si vous saviez combien cette nouvelle
A droit de me toucher! heureux Florville!

MADEMOISELLE D'ORFEUIL.
Eh quoi!
Vous enviez son sort?

M. DE FLORVILLE, *vivement.*
Ah! je parle de moi.

MADEMOISELLE D'ORFEUIL.
De vous, monsieur?

M. DE FLORVILLE.
Eh! oui. La feinte est inutile.
Vous êtes libre encore, et moi je suis Florville.

MADEMOISELLE D'ORFEUIL.
Vous Florville?

M. DE FLORVILLE.
Moi-même. Ah! daignez m'excuser,
Si, pour observer mieux, j'ai pu me déguiser.
Je vous aimai, sans doute, à la première vue.
Pour un autre déjà je vous crois prévenue.
Dès lors, sacrifiant mes droits et mon amour,
Je pars. On me rappelle : ô trop heureux retour!
Un seul mot me rassure, et je puis donc encore
Vous dire qui je suis, et que je vous adore.

MADEMOISELLE D'ORFEUIL.
Qu'entends-je? eh quoi! c'est vous qui m'étiez destiné?
(*A part.*)
Se peut-il? Ah! mon cœur l'avoit bien deviné.

ACTE V, SCÈNE IX.

(Haut.)
Je puis donc espérer (mon bonheur est extrême)
D'être enfin à celui que j'estime et que j'aime.

M. DE FLORVILLE.

J'étois aimé ! qu'entends-je ? et c'est l'autre étranger
Qui me rappelle ici ; j'étois loin de songer...

MADEMOISELLE D'ORFEUIL.

Eh ! c'est lui-même aussi qui dans ces lieux m'envoie.

M. DE FLORVILLE.

Son sort, en ce moment, empoisonne ma joie.
Du désespoir je passe au comble du bonheur ;
Et mon ami perd tout, en perdant son erreur.

SCÈNE X.

VICTOR, M. D'ORFEUIL, M. D'ORLANGE, MADEMOISELLE D'ORFEUIL, M. DE FLORVILLE.

M. D'ORLANGE.

Avois-je donc, monsieur, si mal choisi la place ?
Et faut-il dans le bois ?...

M. DE FLORVILLE.

     Épargnez-moi, de grâce :
Je sens assez, monsieur, combien je suis ingrat.

MADEMOISELLE D'ORFEUIL.

Moi je sens tout le prix d'un trait si délicat.
(A M. d'Orlange.)
Vous n'aviez à ma main qu'un droit peu légitime :
Vous en avez, monsieur, de vrais à mon estime.
(A son père.)
Vous savez notre erreur, mon père ?

M. D'ORFEUIL.

Oui, voilà donc
Monsieur Florville : enfin on le connoît !

M. DE FLORVILLE.

Pardon.

M. D'ORFEUIL.

Mais si ma fille, grâce à ce dessein étrange,
S'étoit trop prévenue en faveur de d'Orlange,
Comme, par parenthèse, il s'en est peu fallu,
C'eût été votre faute, et vous l'auriez voulu.

M. DE FLORVILLE.

Aussi, je m'en allois sans accuser personne.
Me pardonnerez-vous ?

MADEMOISELLE D'ORFEUIL.

Pour moi, je vous pardonne,
Mais à condition que vous ne feindrez plus.

M. DE FLORVILLE.

Non, croyez que jamais...

MADEMOISELLE D'ORFEUIL.

Eh ! discours superflus !
Je vous crois sans peine.

M. DE FLORVILLE.

Ah ! que je dois rendre grâce
A l'ami généreux qui fit suivre ma trace !

M. D'ORLANGE.

Moi ! j'ai fait mon devoir. Ah ! respirons... l'on sent
Qu'une bonne action nous rafraîchit le sang :
Et ce bien-là n'est pas un bien imaginaire ;
Car je renonce à tout ce qu'on nomme chimère.
C'en est fait, pour jamais me voilà corrigé...
Tenez, que je vous dise un bon dessein que j'ai.
Assez d'autres sans moi serviront bien le prince ;

Moi, je vivrai tranquille au fond d'une province...
Seroit-il une terre à vendre en ce canton?

M. D'ORFEUIL.

Justement : j'en sais une assez près d'ici.

M. D'ORLANGE.

Bon.
Je l'achète. J'y prends une femme estimable,
D'une vertu solide et d'un esprit aimable,
Douce... une autre Henriette, en un mot, s'il en est.
J'aurai beaucoup d'enfants ; le grand nombre m'en plaît.
Le ciel bénit toujours les nombreuses familles.
Ma femme, c'est tout simple, élevera les filles :
Mais les garçons n'auront de précepteur que moi ;
C'est le plus doux plaisir, c'est la première loi :
Je saurai démêler leur goût, leur caractère ;
L'un sera dans la robe, et l'autre militaire.
Ils me feront honneur. Que je suis fortuné !

(A M. d'Orfeuil.)

Mon voisin, vous serez parrain de mon aîné.
Je n'irai pas bien loin lui chercher une femme :
Il pourroit épouser la fille de madame.

(Il montre mademoiselle d'Orfeuil.)

(A M. d'Orfeuil.)

Trop heureux ! Tous alors, nous serons vos enfants.
Vous sourirez, mon père, à nos soins caressants.
A cent ans, vous direz : « Je n'avois qu'une fille ;
« Et tout ce qui m'entoure est pourtant ma famille. »
Voilà ce qui s'appelle un projet bien sensé.

VICTOR.

Mon maître, finissant comme il a commencé,
Tout en parlant raison, bat encor la campagne,
Ne veut plus faire et fait des Châteaux en Espagne.

FIN DES CHATEAUX EN ESPAGNE. 25.

MONSIEUR DE CRAC

DANS SON PETIT CASTEL,

COMÉDIE,

PAR COLLIN D'HARLEVILLE,

Représentée, pour la première fois, le 4 mars 1791.

PERSONNAGES.

M. (le baron) DE CRAC.

MADEMOISELLE DE CRAC, sa fille.

M. D'IRLAC, sous le nom de SAINT-BRICE, fils de M. DE CRAC.

M. FRANCHEVAL, amant de mademoiselle de Crac.

M. VERDAC, parasite.

THOMAS, laquais, jardinier et garde.

JACK, page de M. de Crac.

LE MAGISTER du village.

Tout le village.

La scène est au château de Crac, assez près de la Garonne.

MONSIEUR DE CRAC
DANS SON PETIT CASTEL,
COMÉDIE.

SCÈNE I.

SAINT-BRICE, *seul.*

Oui, des évènements j'admire le caprice.
Moi, d'Irlac, fils de Crac, passe ici pour Saint-Brice !
Après quinze ans d'absence, à la fin revenu
Dans mon pays natal, je m'y vois méconnu.
Des mains de trois chasseurs, le soir, je débarrasse
Un homme; et c'étoit... qui ? Crac, mon père ; il m'embrasse
Sans me connoître encore : en son petit château,
Où j'allois, il m'emmène, et j'entre *incognito*.
Je suis fort bien reçu de la jeune Lucile ;
Le papa me retient : moi, je suis si facile !
Il est brave homme au fond, spirituel et gai ;
Il n'a, ces quatre jours, pas dit un mot de vrai,
Cependant : le terroir peut lui servir d'excuse.
A renchérir sur lui, voyons, que je m'amuse.
Si j'ai perdu l'accent, pour bâbler.... que sait-on ?
Un voyageur vaut bien pour le moins un Gascon.
Parlons peu, mais tranchons : l'air aisé, le ton ferme,
Du front ; gardons surtout d'hésiter sur le terme.
Le papa près de moi ne sera qu'un enfant ;
S'il me parle d'un loup, je cite un éléphant.

... Peut-être est-ce manquer de respect au cher père ;
Mais le cœur paternel fera grâce, j'espère :
Puis, on pardonne tout aux jours de carnaval ;
Oh ! oui. Voici ma sœur : mais elle n'est pas mal.

SCÈNE II.

SAINT-BRICE, MADEMOISELLE DE CRAC.

SAINT-BRICE.

AH ! je vous vois d'abord : c'est un heureux présage.
Déja levée !

MADEMOISELLE DE CRAC, *avec l'accent.*

Eh mais ! c'est assez mon usage.
Ici, grâce à l'emploi qué l'on fait dé ses jours,
Plus tot on les commence, ét plus ils semblent courts.

SAINT-BRICE.

Je pense bien ainsi, surtout en ces demeures ;
Les jours coulent, je crois, plus vite que les heures.

MADEMOISELLE DE CRAC.

Ah ! dé grâce...

SAINT-BRICE.

Oui, croyez qu'en des instants si doux,
Je regrette le temps que j'ai passé sans vous.

MADEMOISELLE DE CRAC.

Toujours à cé ton-là jé mé trouve étrangère,
Bien qu'en cetté maison, par fois on ésagère.

SAINT-BRICE.

En effet, le papa ne s'en tire pas mal.
Il nous fit, hier soir, un conte sans égal.

MADEMOISELLE DE CRAC.

Jé l'avouerai, mon père assez souvent s'amuse,
Mais sans dessein pourtant... Non pas qué jé l'excuse :
Car moi, jé n'aime rien qué la sincérité.

SCÈNE II.

SAINT-BRICE.

Ni moi ; pardon... j'ai cru, je me suis trop flatté,
Trouver entre nos goûts un peu de ressemblance.

MADEMOISELLE DE CRAC.

Monsieur... si j'ose ici diré cé qué jé pense,
Entre nos traits, jé crois, il est quelqué rapport.

SAINT-BRICE.

Eh bien ! je vous l'avoue, il m'a frappé d'abord.

MADEMOISELLE DE CRAC.

Oui, vous mé rappelez lé souvenir d'un frère,
Qué j'aimois tendrement, à qui j'étois bien chère :
Il seroit dé votre age... Ah ! régrets superflus !
Cé frère si chéri, probablement n'est plus ;
Dès long-temps nous n'avons dé lui nullé nouvelle.

SAINT-BRICE.

Se peut-il ? Que sait-on pourtant, mademoiselle ?
Des frères qu'on crut morts... ressuscitent souvent.
Peut-être un jour...

MADEMOISELLE DE CRAC.

    Eh mais ! si lé mien est vivant,
Il m'oublie, et cé coup né m'est pas moins sensible.

SAINT-BRICE.

Vous oublier ? Oh non ! cela n'est pas possible.

MADEMOISELLE DE CRAC.

Monsieur, c'est l'un ou l'autre.

SAINT-BRICE.

    En un mot, espérez ;
Car j'ai dans l'idée, oui, que vous le reverrez.

MADEMOISELLE DE CRAC.

Jé né m'en flatte plus.

SAINT-BRICE.
                De l'absence d'un frère,
En tout cas, un amant console et sait distraire.
            MADEMOISELLE DE CRAC.
Un amant, dités-vous?
            SAINT-BRICE.
                Eh oui!.. vous rougissez?
            MADEMOISELLE DE CRAC.
Qui? moi, monsieur?
            SAINT-BRICE.
                Vous-même; et c'est en dire assez.
Au fait, s'il est heureux, il est digne de l'être;
Et j'aurois grand plaisir... on vient; c'est lui peut-être.
        MADEMOISELLE DE CRAC, *vivement.*
Lui-même.
            SAINT-BRICE.
            Alors, je vais troubler votre entretien ?
Je crains d'être importun.
            MADEMOISELLE DE CRAC.
                Monsieur, né craignez rien.
            SAINT-BRICE.
                (A part.)
Vous permettez? je reste. Il me prend fantaisie
De donner à l'amant un peu de jalousie.

SCÈNE III.

LES PRÉCÉDENTS, M. FRANCHEVAL.

FRANCHEVAL, *avec l'accent et le ton vif.*
    (De loin, à part.)
QUEL contré-temps! encore avec cet étranger!
    (Haut.)
Pardon, mademoiselle, on peut vous déranger.

SCÈNE III.

MADEMOISELLE DE CRAC, *à Francheval.*

Eh! pourquoi donc, monsieur, cette cérémonie?

FRANCHEVAL.

Jé né vous savois pas sitôt en compagnie;
Sans quoi... l'on m'avoit dit qu'avec votré papa,
Dès lé matin, monsieur chassoit...

MADEMOISELLE DE CRAC.
      On vous trompa.

FRANCHEVAL.

Eh mais! jé lé vois bien.

SAINT-BRICE, *froidement.*
      Moi, je ne chasse guère:
Un aimable entretien sait beaucoup mieux me plaire.

FRANCHEVAL.

C'est cé qui mé paroît; et meme j'ai trouvé
L'entretien des plus vifs, quand jé suis arrivé.

SAINT-BRICE.

Oui, car j'entretenois de vous mademoiselle.

FRANCHEVAL.

Jé vous suis obligé dé cet ecès dé zele;
Mais dé votré discours fus-jé seul lé sujet?

SAINT-BRICE.

Vous êtes curieux, monsieur.

FRANCHEVAL.
      Et vous, discret.

MADEMOISELLE DE CRAC.

Et vous toujours trop vif, comme à votre ordinaire.
Mais j'aperçois Verdac, ét jé né l'aime guère.
Vous permettez, messieurs? jé vous laisse avec lui.

SAINT-BRICE.

Je vous suis. Le Verdac me cause de l'ennui;
    (*Mademoiselle de Crac sort.*)

Et moi-même à monsieur je vais céder la place :
Vous pardonnez, j'espère?

FRANCHEVAL.

Au moins, un mot, dé grâce,
Quand pourra-t-on, monsieur, vous voir seul un instant?

SAINT-BRICE.

Quand vous voudrez, tantôt.

FRANCHEVAL.

J'y compte.

SAINT-BRICE.

Et moi, j'entends.
(*il sort.*)

SCÈNE IV.

M. FRANCHEVAL, M. VERDAC.

VERDAC.

Jé crois qué l'on mé fuit ; la pétite personne
Ne m'aime pas beaucoup, du moins jé lé souçonne.

FRANCHEVAL, *de mauvaise humeur.*

Elle a pour les flatteurs peu d'inclination.

VERDAC.

D'autres n'ont pas pour eux la même aversion :
En flatteurs caressés cet univers abonde.
L'art dé flatter, mon cher, est vieux commé lé monde.
Ève a péché, pourquoi? parcé qu'on la flatta ;
Exemple qué dépuis mainté femme imita.
C'est un poison si doux, qu'il chatouillé les ames...
Que d'hommes en cé point, dé tout temps furent femmes !
Mon varon l'est surtout : or, c'est l'essentiel.
Si la fille mé hait, mon poison, grâce au ciel,

SCÈNE IV.

Dans lé cœur du papa sé glisse à la sourdine;
Il m'aime enfin; ét c'est chez lé papa qu'on dîne.

FRANCHEVAL.

Comment pour un répas blesser la vérité!

VERDAC.

Un bon répas jamais fut-il trop acheté?
Et qué m'en coûté-t-il? un peu dé complaisance.
Jé n'ai pas avec lui besoin de médisance.
Il suffit dé lé croire : il hable à chaque mot,
C'est sa manie : hé donc, jé serois un grand sot,
D'aller lé démentir sur uné vagatelle.

FRANCHEVAL.

Mais la délicatesse, enfin, nous permet-elle...?

VERDAC.

Votré délicatesse est bien peu dé saison :
Quand on a bonné table, on a toujours raison;
Aussi, jé crois d'avance à tout cé qu'il va dire.
S'il parle, j'applaudis; jé ris dès qu'il veut rire.
Jé né suis pas sa dupe, ét m'amuse *in petto*;
Par là jé m'établis dans son pétit chateau;
Chateau qui n'est au fond qu'uné gentilhommière :
Qué dis-je! cé seroit uné simple chaumière.
On y dîne, mon cher, on y soupe; il suffit :
Crac en a lé plaisir, ét j'en ai lé profit.

FRANCHEVAL. *(On entend un cor.)*

A merveille, monsieur; mais j'entends grand tapage;
Ah! c'est notré chasseur avec son équipage.

VERDAC.

Son équipage? Oh, oui! lequel est composé
D'un jardinier bonace, en garde déguisé,
D'un page, petit pauvre, errant dans la contrée,
Qué dé Crac affubla d'un morceau dé livrée.

Jack est essentiel. En cé pétit garçon,
On voit lé dindonnier, lé page et l'échanson.
Il s'acquitte assez bien surtout du dernier role.
Mais voici tout lé train ; il n'est rien dé plus drole.

(*On entend le cor de plus près.*)

SCÈNE V.

LES MÊMES, M. DE CRAC, THOMAS, JACK.

(*Quatre petits garçons, paysans, armés de bâtons.*)

M. DE CRAC, *gravement.*

ENFANTS, pétits laquais qué jé né loge pas,
Jé suis content : allez, jé pairai vos papas.
On né mé vit jamais prodigué dé louanges,
Mais ils ont rabattu comme des petits anges.

(*Les petits garçons sortent.*)

SCÈNE VI.

M. FRANCHEVAL, M. DE CRAC, VERDAC, THOMAS, JACK.

M. DE CRAC.

BONJOUR, messieurs.

VERDAC.

Salut à monsieur lé varon.

FRANCHEVAL.

Serviteur.

VERDAC.

Et la chasse ?

M. DE CRAC.

On n'est point fanfaron.

SCÈNE VI.

Jé mé suis amusé comme un roi ; mais du reste,
Demandez à mes gens.

VERDAC.

Vous êtes trop modeste.

M. DE CRAC.

Point du tout.

FRANCHEVAL.

Vous aviez un beau temps.

M. DE CRAC.

En effet.
Jé n'en suis pas moins las ; car j'ai couru, Dieu sait !
Moi, jé né chasse point comme vos pétits maîtres.

(Ils'assied.)

Page, mets bas ton cor, ét viens m'oter mes guetres.

JACK, *avec l'accent.*

Oui, monsieur lé varon.

M. DE CRAC.

Il est bien jeune encor.

VERDAC.

Lé compère déja donné fort bien du cor.

M. DE CRAC.

Oh ! jé lé formerai. Songé bien à ma meute.

JACK.

A votre ?... Monseigneur, jé n'ai point vu d'émeute.

M. DE CRAC.

Jé veux dire mes chiens.

JACK.

La chienne ét lé pétit ?
J'entends.

M. DE CRAC.

Mes chiens enfin. Faites cé qu'on vous dit.

(Jack sort.)

SCÈNE VII.

M. DE CRAC, M. FRANCHEVAL, VERDAC, THOMAS.

M. DE CRAC.

Pourquoi t'es-tu là-bas si long-temps fait attendre,
Thomas? Quel est le bruit qui se faisoit entendre?

THOMAS, *sans accent.*

C'est celui d'un soufflet que là-bas j'ai reçu.

M. DE CRAC.

Un soufflet?

THOMAS.

Oui, vraiment.

M. DE CRAC.

Ah! si jé l'avois su!
Et dé qui donc?

THOMAS.

De qui? mais de monsieur de Trape
En personne.

M. DE CRAC.

A cé point lé jeune homme s'échappe?

THOMAS.

C'est vous qui bien plutôt vous êtes échappé:
Vous menacez de loin, de près je suis frappé.

M. DE CRAC.

Mais on né vit jamais brutalité pareille.
(Il fait mine de sortir.)
Cadédis! jé m'en vais lui parler à l'oreille.
(Il revient.)
Oui, l'un dé ces matins, jé lui dirai deux mots.

SCÈNE VII.

THOMAS.

Parce qu'il part demain.

VERDAC.

Eh! mais à quel propos
Cé démelé? pourquoi?

M. DE CRAC.

Pour uné vagatelle,
Qui né mérite pas qué jé vous la rappelle.
Cé jeune hommé prétend qué jé tire chez lui :
Suis-jé dans lé cas, moi, d'avoir bésoin d'autrui?

THOMAS.

Vous risquez de tirer sur la terre d'un autre,
Quand vous n'ajustez pas du milieu de la vôtre.

M. DE CRAC.

Lé faquin est surpris qué l'on ait des voisins.
Au fait, lé comte ét moi né sommes pas cousins.
Nous avons eu jadis uné certaine affaire,
Dont lé pétit monsieur sé souviendra, j'espère.

VERDAC.

Jé lé crois.

FRANCHEVAL.

Dé céci jé n'ai rien su, ma foi.

M. DE CRAC.

La chosé s'est passée entré lé comte ét moi.
Jé né sais cé qué c'est dé prendre la trompette :
Mais jé vous l'ai méné, messieurs, jé lé répète.

THOMAS.

Ma foi, cette fois-ci vous fûtes plus prudent.

M. DE CRAC.

Quoi! toujours mé commettre avec un impudent!
Dieu m'en garde! mais quoi, laissons céla, dé grâce.
Jé suis on né peut plus satisfait dé ma chasse.

J'avois tué lévreaux ét perdreaux, Dieu merci,
Aucun dé la façon dont j'ai tué ceux-ci.

THOMAS.

Quand avez-vous tué tout cela, de bon compte?

M. DE CRAC.

Eh! quand tu récévois un bon soufflet du comte.

THOMAS.

Il n'est plus de gibier; ces messieurs sont témoins...

M. DE CRAC.

Verdac sait si j'en tue uné pièce dé moins!

FRANCHEVAL.

Dé lièvres cépendant la terre est dépourvue.

VERDAC.

Moi j'en rencontre encor.

THOMAS.

    C'est avoir bonne vue.

VERDAC, *à M. de Crac.*

Votre histoire.

M. DE CRAC.

    (*A Thomas.*)
Écoutez, jé.... Qué fais-tu là, toi?

THOMAS.

Moi, j'écoute.

M. DE CRAC.

   A quoi bon, l'ayant vu commé moi?

THOMAS.

Pour voir si monseigneur racontera de même.

M. DE CRAC.

Eh! sors.

      (*Thomas sort.*)

SCÈNE VIII.

M. DE CRAC, M. FRANCHEVAL, M. VERDAC.

M. DE CRAC.

Tous ces gens-là sont d'une audace extrême.

FRANCHEVAL, *à part.*

Comme il va s'en donner !

M. DE CRAC.

Lé fait est très certain ;
Mais vous en doutérez ; car tel est mon destin.

FRANCHEVAL.

Vous permettez qu'on doute ?

M. DE CRAC.

Il n'est rien dé plus drole.
J'allois tranquillement, mon fusil sur l'épaule.
Zeste, un lièvre part.

VERDAC.

Bon.

M. DE CRAC.

Oh ! rien n'est plus commun :
Il ne m'arrive pas d'en manquer jamais un.
Jé prends donc mon fusil : à tirer je m'apprete ;
Frrrr... un perdreau s'envole au dessus dé ma tete.

FRANCHEVAL.

Qué faire ?

M. DE CRAC.

Un autre, alors, sé seroit contenté
Dé tirer l'un des deux.

VERDAC.

Oh ! oui, j'aurois opté,
J'en conviens.

M. DE CRAC.

Eh bien ! moi qui suis un bon apotre,
J'ai trouvé plus plaisant dé tirer l'un ét l'autre.
L'un s'arrete tout court ; l'autre, la tête en bas,
Descend...

VERDAC.

Oh ! jé lé vois.

M. DE CRAC.

Mais vous né voyez pas
Lé perdreau justément tomber dessus lé lièvre,
Qui respiroit encore...

VERDAC, *riant beaucoup.*

Et dut avoir la fièvre.

M. DE CRAC.

Dé façon qué dé loin sur lé pauvre animal
Lé perdreau, sans mentir, sembloit être à chéval,
Et fut resté long-temps dans la meme posture,
Si mon chien n'avoit pris cavalier ét monture.
Eh donc ? qu'en dites-vous ?

FRANCHEVAL.

Monsieur... en vérité...

VERDAC.

Rien dé plus curieux, surtout dé mieux conté,
D'honneur !

M. DE CRAC.

Dans mon grenier ils sont encore ensemble ;
Et jé prétends qu'un jour un broché les rassemble ;
Qué dans un meme plat tous les deux soient servis.

VERDAC.

D'uné telle union les yeux séront ravis.
Quel jour est-ce ?

SCÈNE VIII.

M. DE CRAC.
Verdac, vous lé saurez sans doute.
(*A Francheval.*)
Mais, vous né dites rien, jeune homme?

FRANCHEVAL.
Moi, j'écoute.
L'étranger né vient point.

M. DE CRAC.
Où donc est-il, vraiment?

FRANCHEVAL.
Avec mademoiselle il cause apparemment.

M. DE CRAC.
Bon. Je lui dois la vie, il faut qué j'en convienne.

FRANCHEVAL.
En pareil cas, monsieur, qui n'eût donné la sienne?

M. DE CRAC.
Il étoit temps. Déja j'en avois fait fuir dix;
Et quand Saint-Brice vint, ils étoient encor six.

VERDAC.
La peste!

FRANCHEVAL.
On disoit trois.

M. DE CRAC.
Jé vous dis six. Dans l'ombre,
Saint-Brice a pu né voir qué la moitié du nombre.
Lé nombre n'y fait rien : ils auroient été cent...
Mais enfin jé perdois mes forces et mon sang.
Il m'a sauvé.

FRANCHEVAL.
Son sort est trop digne d'envie.

VERDAC, *serrant M. de Crac dans ses bras.*
En défendant vos jours, il m'a sauvé la vie.

Mais jé vois arriver notre aimable inconnu :
Quel air noble !

SCÈNE IX.

LES MÊMES, SAINT-BRICE, *toujours froid et calme.*

M. DE CRAC, *à Saint-Brice.*
Avec moi qué n'etes-vous vénu,
Monsieur?

SAINT-BRICE.
Vous avez fait la chasse la plus belle !

M. DE CRAC.
Qui vous a dit céla?

SAINT-BRICE.
Du jour c'est la nouvelle.

M. DE CRAC.
Non, j'ai tué fort peu; tout au plus trois lévreaux,
Autant de cailles, oui, peut-être dix perdreaux;
Au lieu qué très souvent j'en rapporté cinquante.

VERDAC.
Monsieur nous racontoit une histoire piquante,
D'un lièvre et d'un perdreau tués en même temps,
L'un sur l'autre tombés.

M. DE CRAC, *à Saint-Brice.*
Vous l'entendez?

SAINT-BRICE.
J'entends.
Ce fait est, après tout, le plus simple du monde.
Un jour le temps se couvre, et le tonnerre gronde :
Il éclate enfin, tombe...

VERDAC.
Où?

SCÈNE IX.

SAINT-BRICE, *froidement.*

Dans mon bassinet ;
Le fusil part, et tue un lièvre qui passoit.

FRANCHEVAL.

Cette aventuré-ci mé semble encor plus rare.

VERDAC.

Mais l'autre est plus plaisante ; ét puis lé varon naîtrc
Avec certainé grace, avec un goût, un tact...
Connu dé peu dé gens.

M. DE CRAC, *un peu piqué.*

Surtout jé suis exact.

VERDAC.

Voilà lé mot ; César, d'étonnanté mémoire,
Dieu mé damne ! n'a pas mieux conté son histoire.

M. DE CRAC.

Peut-être riez-vous ; mais j'ai dessein, mon cher,
Dé mettre par écrit la mienne, cet hiver.

VERDAC.

D'avance jé souscris.

M. DE CRAC.

Mais les races futures
Pourront-elles jamais croire à mes aventures ?
Il m'en est arrivé dé bizarres, partout,
Dans ma terre, en voyage, à la guerré surtout.

SAINT-BRICE.

Ah ! vous avez servi ?

M. DE CRAC.

Sans doute ; un gentilhomme
Doit servir, ét surtout quand dé Crac il sé nomme.

FRANCHEVAL.

Toujours en cé chateau jé vous vis confiné.

VERDAC.

Monsieur parle d'un temps où vous n'étiez pas né.

M. DE CRAC.

Oui, j'ai servi très jeune ; et jé puis bien vous dire
Qué jé savois mé vattre, avant dé savoir lire.

SAINT-BRICE.

Ah ! je le crois. Piqué de son air de hauteur,
A dix ans, je me bats contre mon précepteur ;
Je le tue.

VERDAC.

A dix ans ? Moi, jé fus moins précoce.

M. DE CRAC, *s'animant.*

La bataille, pour moi ! c'étoit un jour dé noce.
J'ai vu plus d'uné guerre ; allez, jé vous promets
Qué jé n'ai pas servi, messieurs, en temps dé paix.
Avec Saxe j'ai fait les guerres d'Allemagne,
Et jé né couchai point dé toute uné campagne.
Trois fois dans un combat, jé changeai dé chéval,
Et j'ai sauvé la vie à notré général.
Il est réconnoissant, il faut qué j'en convienne.

SAINT-BRICE.

Votre histoire, monsieur, me rappelle la mienne ;
J'ai pris seul, en Turquie, une ville d'assaut.

VERDAC.

Tout seul ?

SAINT-BRICE.

Oui.

M. DE CRAC, *à part.*

Cé monsieur n'est jamais en défaut.

FRANCHEVAL.

Il n'étoit donc, monsieur, pas un chat dans la place ?

SCÈNE IX.

SAINT-BRICE, *à M. de Crac.*
Les guerres d'Amérique, en fûtes-vous, de grâce?

M. DE CRAC.
Ah! jé brûlois d'en etre : eh mais, voyez un peu!
Moi qui traversérois un océan dé feu,
Jé crains l'eau... non dé peur; mais elle m'incommode :
J'ai manqué pour céla lé beau siége dé Rhode.

SAINT-BRICE.
Eh bien! moi, j'en étois. J'aime un combat naval.

M. DE CRAC.
J'eus l'un dé mes aïeux fameux vice-amiral.
Au combat dé Lépante, on comptoit bien lé prendre;
Mais il sé fit sauter, plutôt qué dé sé rendre.

SAINT-BRICE.
En un cas tout pareil, je fis le même saut;
Et me voilà.

VERDAC, *à M. de Crac.*
Cé saut ressemble à son assaut.

SAINT-BRICE.
Sur la frégate angloise, au milieu du pont même,
J'allai tomber debout, tout armé, moi cinquième.

VERDAC.
L'équipage, monsieur, dut bien etre étonné.

SAINT-BRICE.
Ils se rendirent tous, et je les enchaînai.

M. DE CRAC.
Dé plus fort en plus fort. Allons nous mettre à table.

VERDAC.
Cetté transition, d'honneur, est admirable.

M. DE CRAC.
Jé mé sens appétit, comme un chasseur enfin.

VERDAC.

Moi, sans avoir chassé, d'un chasseur j'ai la faim.

M. DE CRAC.

Pour moi lé déjeuner est lé répas qué j'aime.

VERDAC.

C'est mon meilleur aussi.

FRANCHEVAL.

Mais vous dînez dé meme.

VERDAC.

Tout est si bon ici, meme à tous les répas!

M. DE CRAC.

Jé donne peu de mets, mais ils sont délicats.

VERDAC.

Qui lé sait miéux qué moi? Votre vin dé Gascogne...
Soi-disant, vaut bien mieux qué les vins dé Bourgogne.

SAINT-BRICE.

Est-ce qu'il n'en est pas? pour moi, je l'aurois cru.

M. DE CRAC, *souriant*.

Eh non! mon cher monsieur, c'est du vin dé mon crû.
Vous croyez qué jé raille?

SAINT-BRICE.

Eh mais!...

M. DE CRAC, *à l'oreille de Saint-Brice*.

Oui, vin dé Beaune.

SAINT-BRICE, *bas, à M. de Crac*.

(*Haut.*)

Je m'en doutois. Chacun aime son vin, le prône.
Dans mon parc, une source a le goût du vin blanc,
Et même la couleur, mais d'un vin excellent.

FRANCHEVAL.

C'est uné cave, au fond, qu'uné source pareille.

SCÈNE IX.

VERDAC.

Jé conseille à monsieur dé la mettre en bouteille.
Qu'en dites-vous, varon?

M. DE CRAC, *très gravement.*

Qué lé trait est fort gai :
Mais, comme a dit quelqu'un, *rien dé beau qué lé vrai.*
Voilà cé qué jé dis.

VERDAC.

Hai... la réplique est vive.

M. DE CRAC.

Mais allons déjeuner, et qui m'aime mé suive.

VERDAC.

(*Aux autres.*)

Ah! jé vous aime. Allons.

SAINT-BRICE.

Ch! j'ai déjeuné, moi.

VERDAC, *à Francheval.*

Et vous, mon cher?

FRANCHEVAL.

Jé n'ai nul appétit, ma foi.

VERDAC.

Jé mangerai pour trois. Adieu.

(*Il sort.*)

FRANCHEVAL, *retenant Saint-Brice.*

Deux mots, dé grace.

SAINT-BRICE.

Je reste.

SCÈNE X.

SAINT-BRICE, FRANCHEVAL.

FRANCHEVAL, *très vivement toujours.*
Permettez qué, sans nulle préface,
J'aille d'abord au fait.

SAINT-BRICE.
Monsieur, très volontiers.

FRANCHEVAL.
J'aime en cetté maison, depuis quatre ans entiers.

SAINT-BRICE.
C'est être bien constant; mais la chose est possible.

FRANCHEVAL.
Il est possible aussi qu'un autre soit sensible
Aux charmes de Lucile.

SAINT-BRICE.
Oui, cela se pourroit.

FRANCHEVAL.
Si c'étoit vous, monsieur?

SAINT-BRICE.
Si c'étoit mon secret?

FRANCHEVAL.
Est-ce vous?

SAINT-BRICE.
La demande est un peu familière.

FRANCHEVAL.
La suite en est... qué sais-je encor plus cavalière.
Si vous l'aimiez, monsieur, je le prendrois fort **mal** :
Je ne suis pas d'humeur à souffrir un rival.

SAINT-BRICE.
Eh mais! vous êtes vif, monsieur.

SCÈNE X.

FRANCHEVAL.

Céla peut être.
Prénez-lé meme ton, vous en etes lé maître.

SAINT-BRICE.

Mais...

FRANCHEVAL.

L'aimez-vous ou non ?

SAINT-BRICE.

Eh bien ! si je l'aimois ?

FRANCHEVAL.

Jé vous prierois, alors, dé quitter à jamais
La maison, lé pays.

SAINT-BRICE.

Ah ! c'est une autre affaire.

FRANCHEVAL.

Jé suis, dans tous les cas, pret à vous satisfaire.

SAINT-BRICE.

Est-ce un défi ? déja le prendre sur ce ton !
Vous offrez de vous battre, et vous êtes Gascon !

FRANCHEVAL.

Lé pays n'y fait rien : quoi qu'on dise du notre,
Un Gascon, s'il lé faut, sé bat tout comme un autre.

SAINT-BRICE.

J'aime fort la franchise, et surtout la valeur :
Mais calmez un moment cette aimable chaleur.
Je vous ferai raison, et rien n'est plus facile.
Je vous déclare ici que j'aime fort Lucile,
Au moins autant que vous ; de plus, je l'avouerai,
Je ne puis me résoudre à m'en voir séparé,
Et vous demandez trop.

FRANCHEVAL.

Jé n'en puis rien ravattre :
Laissez-moi lé champ libre, ou bien allons nous vattre.

SAINT-BRICE.

Nous nous battrons, sans doute, et je vous l'ai promis :
Mais souffrez qu'à demain le combat soit remis.

FRANCHEVAL.

Jé né suis pas du tout en humeur dé rémettre.

SAINT-BRICE.

Il le faudra pourtant, si vous voulez permettre.

FRANCHEVAL.

Vous voulez m'échapper ?

SAINT-BRICE.

Non, je ne fuirai pas.
Demain, vous dis-je.

FRANCHEVAL.

Mais...

SAINT-BRICE, *bas*.

Eh ! parlez donc plus bas,
Et feignons d'être amis ; car j'aperçois Lucile.

SCÈNE XI.

LES MÊMES, MADEMOISELLE DE CRAC.

MADEMOISELLE DE CRAC.

EN vain vous affectez dé prendre un air tranquille,
Messieurs ; jé lé vois trop, vous avez quérellé
Mon abord a fait treve à quelqué démélé.

SAINT-BRICE.

Nous querellions, d'accord, sur une bagatelle.

MADEMOISELLE DE CRAC.

Votre sang-froid mé cause une frayeur mortelle.

SCÈNE XI.

(A Francheval.)

Ah! né mé trompez pas. Jé gage qué c'est vous
Qui fatiguez monsieur par vos transports jaloux.

FRANCHEVAL.

Eh! quand céla séroit, ma crainte est-elle vaine?
Vous verrez qué céci n'en valoit pas la peine!

MADEMOISELLE DE CRAC.

Non, monsieur, et tout haut j'ose vous défier...
Mais jé suis bonne ici dé mé justifier.
Quoi! dé mes actions né suis-je pas maîtresse?
Et quand pour moi monsieur auroit dé la tendresse,
Qué vous importe à vous?

FRANCHEVAL.

     Ce qu'il m'importe?

MADEMOISELLE DE CRAC.

          Eh quoi!
Né sauroit-on m'aimer, sans être aimé dé moi?

FRANCHEVAL.

Eh! non, jé lé sais bien, j'éprouve lé contraire.

MADEMOISELLE DE CRAC.

Vous m'offensez, monsieur, par cé mot téméraire.

FRANCHEVAL.

C'est mon peu dé mérite, hélas! qui mé fait peur.

MADEMOISELLE DE CRAC.

Qui craint qu'on né lé trompe, est lui-même un trompeur.

FRANCHEVAL.

Toujours une amé tendre est tant soit peu jalouse;
Et pour moi, jé craindrai, jusqu'à cé qué j'épouse.

MADEMOISELLE DE CRAC.

Suis-je forcée, enfin, moi, dé vous épouser?
Et n'ai-je pas encor lé droit dé réfuser?

FRANCHEVAL.

Jé lé sais trop.

MADEMOISELLE DE CRAC.

J'admire aussi ma complaisance ;
Oui, monsieur, à l'instant, sortez dé ma présence.

FRANCHEVAL.

Soit.

MADEMOISELLE DE CRAC.

Né révénez pas sans ma permission.

FRANCHEVAL.

Non, certes.

MADEMOISELLE DE CRAC.

Et surtout dé la discrétion
Avec monsieur ; jamais né lui cherchez quérelle.

FRANCHEVAL.

Vous mé poussez à bout aussi, madémoiselle.
Jamais on n'a vu tant dé partialité,
Et votre affection est touté d'un coté.

MADEMOISELLE DE CRAC, *vivement.*

Eh ! oui, sans doute, ingrat ! mais sortez, je l'esige.

FRANCHEVAL.

Quoi? vous né voulez pas qué jé?...

MADEMOISELLE DE CRAC.

Sortez, vous dis-je.

FRANCHEVAL.

A la bonne heure ; mais...

MADEMOISELLE DE CRAC.

Qué veut dire cé *mais*...?

FRANCHEVAL.

On veut qué jé m'en aille ; eh bien !...

MADEMOISELLE DE CRAC.

Quoi?

SCÈNE XI.

FRANCHEVAL.

Jé m'en vais.

(*Bas, à Saint-Brice.*)
Au revoir.

SAINT-BRICE.

A demain. (*Francheval sort.*)
(*A part.*)
Si je n'étois le frère,
Le joli rôle, ici, que l'on me verroit faire!

SCÈNE XII.

MADEMOISELLE DE CRAC, SAINT-BRICE.

SAINT-BRICE.

Il est au désespoir.

MADEMOISELLE DE CRAC.

Plaignez-le, en vérité!

SAINT-BRICE.

Il me semble pourtant que vous l'avez traité...
Bien mal.

MADEMOISELLE DE CRAC.

Eh lui! comment mé traité-t-il moi-meme?
Mé souçonner d'abord, quand il sait qué jé l'aime!
Mérité-t-il qu'on ait pour lui dé l'amitié?

SAINT-BRICE.

Il faut pour un amant avoir de la pitié.

MADEMOISELLE DE CRAC, *souriant.*

Dans lé fond dé mon âme, aussi, jé lui pardonne,
Jé vous assure.

SAINT-BRICE.

Oh! oui, car vous êtes si bonne!

MADEMOISELLE DE CRAC.
Pardonnez-lui de meme.

SAINT-BRICE.
Ah ! je vous le promets.

MADEMOISELLE DE CRAC.
Et ne soyez plus seul avec moi.

SAINT-BRICE.
Non, jamais.

MADEMOISELLE DE CRAC.
Vous allez mé trouver malhonnête, sans doute.
Mais dès démain, monsieur, poursuivez votré route :
La quérelle pourroit tot ou tard éclater.

SAINT-BRICE.
J'en suis fâché; mais quoi? je ne puis vous quitter.

MADEMOISELLE DE CRAC.
Vous avez tort. Pour moi, jé n'ai plus rien à dire :
Permettez qué, du moins, monsieur, jé mé rétire.

SCÈNE XIII.

SAINT-BRICE, seul.

D'un amour si naïf un tiers seroit jaloux :
Mais il n'est point pour moi de spectacle plus doux.
Il faut absolument faire ce mariage.
Le papa vient : jouons un autre personnage.
En vain, nouveau Protée, il voudra m'échapper,
Le plus trompeur souvent est facile à tromper.

SCÈNE XIV.

SAINT-BRICE, M. DE CRAC.

M. DE CRAC, *avec un autre habit.*

Ami, qué jé vous conte uné chanson à boire,
Qué j'ai faite impromtu, commé vous pouvez croire.
Verdac, qui l'entendoit, en rioit comme un fou.
(*Il chante.*)

J'aimé beaucoup les femmes blanches;
Mais j'aime encor mieux le vin blanc;
Jé n'ai point vu de femmes franches;
Et j'ai bu souvent du vin franc.
Lé sexe né m'est rien quand jé flute;
Et dans célà commé dans tout,
Chacun a son goût;
Point dé dispute,
Chacun a son goût [1].

SAINT-BRICE.

La chanson est jolie. Eh mais! je ne sais où,
Mais quelque part ailleurs je l'ai vu imprimée.

M. DE CRAC.

Il sé peut; dé mes vers, oui, la France est sémée.

SAINT-BRICE.

Elle a paru, je crois, sous le nom de Collé.

M. DE CRAC.

Ah! cé n'est pas lé seul couplet qu'il m'ait volé.
Dé mon absence il a profité, lé compère.
Jé l'aimois fort au reste; il m'appeloit son père.

---

[1] Ce couplet est de Collé, *Théâtre de Société.*

Mais dépuis qu'en ces lieux jé mé vois confiné,
Lé Parnasse, mon cher, est bien abandonné.
Qué vous dirai-je, enfin? les muses esilées,
Dans quelqué coin obscur, plaintives, désolées...
Jé né puis y penser, sans répandre des pleurs.

SCÈNE XV.
M. DE CRAC, SAINT-BRICE, VERDAC.

VERDAC, *un peu échauffé du repas.*

Jé viens, mon cher varon, partager vos douleurs.

M. DE CRAC.

Mais où donc étiez-vous?

VERDAC.

      Qui? moi? j'étois à table
Sandis! j'avois encore un appétit dé diable.
Jé né sais... Vous mangez si vite qué jamais,
D'honneur! jé n'ai lé temps dé gouter chaque mets;
Et tous assurément méritent qu'on les goute.
Il faut faire à loisir cé qué l'on fait.

SAINT-BRICE.

       Sans doute.
Mieux vaut ne pas manger, que manger à demi.

VERDAC.

Au révoir.

M. DE CRAC.

   Quoi! sitot vous partez, mon ami?

VERDAC.

Jé lé fais à regret: pardon si jé vous quitte:
D'une visite ou deux il faut qué jé m'acquitte.
Chacun dé son affaire il sé faut occuper.
Né vous dérangez-pas: jé réviendrai souper.

SCÈNE XVI.
M. DE CRAC, SAINT-BRICE.

SAINT-BRICE.

Vous avez pour voisins des gens pleins de mérite.

M. DE CRAC.

La peste! jé lé crois : du pays c'est l'élite.
Gentilshommes, dieu sait! tous deux sont mes vassaux.
Vous voyez qué pourtant jé les traite en égaux.
Mais quoi! pour m'amuser, j'aime bien mieux descendre;
Et jé n'ai point l'orgueil dé cé jeune Alesandre,
Qui pour rivaux, dit-on, né vouloit que des rois :
Comme dé vrais amis, nous vivons tous les trois.

SAINT-BRICE.

Le plus jeune des deux me paroît fort aimable.

M. DE CRAC.

Verdac est d'une humeur encor plus agréable.
Il vous écoute, au moins.

SAINT-BRICE.

    Et surtout il vous croit.

M. DE CRAC.

Au lieu qué Franchéval est souvent distrait, froid.

SAINT-BRICE.

Il paroit empressé près de mademoiselle.

M. DE CRAC.

C'est bien gratuitement qu'il soupiré pour elle.
Ma fille né veut pas du tout sé marier.

SAINT-BRICE.

Est-il possible?

M. DE CRAC.

   Eh! oui; rien n'est plus singulier :
Lucile a refusé vingt partis d'importance;

M. DE CRAC.

(*A l'oreille.*)

Lé fils du gouverneur. Là-dessus, jé la tance ;
Jé né puis davantage ; et l'honneur mé défend
Dé faire violence au cœur dé mon enfant.

SAINT-BRICE.

Elle est d'ailleurs charmante.

M. DE CRAC.

Il faut qué jé l'avoue.
Jé né puis la louer ; mais j'aime qu'on la loue.

SAINT-BRICE.

C'est qu'elle a tout, monsieur : elle est belle, d'abord ;
Elle a les plus beaux yeux !

M. DE CRAC.

Oui, j'en tombe d'accord.
Verdac, pétit flatteur, dit qu'ellé mé ressemble.

SAINT-BRICE.

Il a raison : elle a de vos traits...

M. DE CRAC.

Oui, l'ensemble.
Sa mère étoit aussi d'uné raré beauté.
Vous jugez si ma femme étoit dé qualité !
Ses aïeux remontoient aux comtes dé Bigorre.
Dans cet essaim d'amants qu'elle avoit fait éclore,
Les Gaston, les De Foix, surtout les d'Armagnac,
(*Il s'attendrit.*)
Clotilde démela lé chévalier dé Crac.
Mais tous, l'un après l'autre, il me fallut les vattre,
Et conquérir mon bien, commé fit Henri quatre.
Si j'avois un trésor, il m'avoit bien coûté.

SAINT-BRICE.

Celui-là né pouvoit trop cher étre acheté.

SCÈNE XVI.

Si de la mère, au moins, je juge par la fille.
Lucile est, je le vois, toute votre famille?

M. DE CRAC.

Eh non! vraiment, monsieur, j'ai dé plus lé bonheur
D'avoir un fils, un fils qui mé fait grand honneur.

SAINT-BRICE.

Bon! il est donc absent?

M. DE CRAC.

Il sert contré lé Russe;
Mais il sert tout dé bon. Ah! lé feu roi dé Prusse
Savoit l'apprécier; ét lé grand Frédéric,
En fait d'opinion, valoit tout un public.
Il admiroit mon fils : j'en ai plus d'uné marque;
Et j'ai, sans vanité, reçu dé cé monarque
Des lettres... qué jamais personne né verra.
Il m'écrivoit un jour : « Votré cher fils sera
« Lé plus grand général qu'ait jamais eu l'Europe. »
Jé pensé qué l'on peut croire à cet horoscope.

SAINT-BRICE.

Oui, sans doute.

M. DE CRAC.

Il commence à se vérifier.
A mon fils, dépuis peu, l'on vient dé confier
Un beau, mais en revanche un très périlleux poste.

SAINT-BRICE.

(A part.)
Ah! le papa ment bien : il faut que je riposte,
 (Haut.)
On le nomme?

M. DE CRAC.

Son nom dé famille est dé Crac :
Mais dans touté l'Europe on lé nommé d'Irlac.

28.

SAINT-BRICE.

Ah! c'est mon ami.

M. DE CRAC.

Quoi?...

SAINT-BRICE.

Ma surprise est extrême.
D'Irlac votre fils?

M. DE CRAC.

Oui.

SAINT-BRICE.

C'est un autre moi-même.
J'en faisois très grand cas. Jeune encore, il servoit
Dans mes gardes.

M. DE CRAC.

Dans vos...?

SAINT-BRICE, *feignant de se reprendre.*

Partout il me suivoit.

M. DE CRAC *remarque cela.*

Il se pourroit?

SAINT-BRICE.

Hélas! pauvre d'Irlac! sans doute
Vous savez... pour servir voilà ce qu'il en coûte!

M. DE CRAC.

Quoi?...

SAINT-BRICE.

Vous l'ignorez?

M. DE CRAC.

Oui.

SAINT-BRICE, *très mystérieusement.*

Contre son colonel
Il vient dernièrement de se battre en duel.

SCÈNE XVI.

M. DE CRAC.

Jé reconnois les Crac à cé coup téméraire.
A-t-il été blessé?

SAINT-BRICE.

Non, monsieur, au contraire,
Le colonel est mort.

M. DE CRAC.

Hélas! j'en suis faché.
Et mon fils?

SAINT-BRICE.

Aussitôt votre fils s'est caché.

M. DE CRAC.

Quoi? mon fils sé cacher! Pour mon nom quellé tache!
C'est la premièré fois, sandis! qu'un Crac sé cache.

SAINT-BRICE.

On le découvre.

M. DE CRAC.

O ciel!

SAINT-BRICE.

On lui fait son procès.
Vous savez la rigueur des lois.

M. DE CRAC.

Oui, jé lé sais.

SAINT-BRICE.

On le condamne...

M. DE CRAC.

A quoi?

SAINT-BRICE.

Mais... à perdre la tête.

M. DE CRAC.

Ah! malheureux enfant!

SAINT-BRICE.

Le supplice s'apprête.
Il charme heureusement la fille du geolier.

M. DE CRAC.

Hai ! lé gaillard doit etre un joli cavalier.
Eh bien ?

SAINT-BRICE.

...lle et d'Irlac prennent tous deux la fuite.

M. DE CRAC.

Ah ! jé respire.

SAINT-BRICE.

Oui ; mais on court à leur poursuite.
Ils étoient à cheval comme les fils Aymon.

M. DE CRAC.

O ciel ! on les poursuit ! Et les attrapé-t-on ?

SAINT-BRICE.

La fille étoit en croupe, et sans peine on l'attrape :
D'Irlac croit la tenir encore, et seul s'échappe.

M. DE CRAC.

Lé jeune homme est subtil.

SAINT-BRICE.

C'est un autre Annibal.

M. DE CRAC.

Il sé sauve ?

SAINT-BRICE.

En courant il tombe de cheval,
Et se casse la jambe.

M. DE CRAC.

Ah ! jé meurs : et laquelle ?

SAINT-BRICE.

La gauche.

SCÈNE XVI.

M. DE CRAC.

Sur mes deux, moi-memé jé chancelle.

SAINT-BRICE.

Vous n'avez donc pas eu des nouvelles de lui?
Autrement vous sauriez...

M. DE CRAC.

J'en attends aujourd'hui.

(*Il appelle.*)
Thomas! Thomas! fut-il accident plus funeste?

SAINT-BRICE.

Heureusement d'Irlac se porte bien du reste.

SCÈNE XVII.

LES MÊMES, THOMAS.

M. DE CRAC, *à Thomas.*

Mes lettres?

THOMAS.

Eh! monsieur, vous demandez toujours
Vos lettres; je n'en vois pas une en quinze jours.

M. DE CRAC.

Mais jé né conçois pas cé contré-temps bizarre.
Il faut assurément qué lé courrier s'égare.

THOMAS.

Il s'égare souvent.

M. DE CRAC, *bas, à Thomas.*

Veux-tu té conténir,
Vabillard?

THOMAS.

Non, ma foi, je n'y peux plus tenir;
Et c'est par trop aussi charger ma conscience.
Donnez-moi mon congé; car je perds patience.

M. DE CRAC.

Comment ?

THOMAS.

Eh oui, morbleu ! prenez quelque garçon
Qui soit de ce pays : je ne suis point Gascon.
Grâces au ciel, monsieur, ma province est la Beauce.
Là, jamais on ne dit une nouvelle fausse ;
Et jamais *oui* pour *non*.

M. DE CRAC.

Eh bien ! rétournes-y.
Jé té dois ?

THOMAS.

Dix écus.

M. DE CRAC, *mettant la main à sa poche.*

Tiens, drôle, les voici.

THOMAS.

Je ne suis point un drôle, et je suis honnête homme.

M. DE CRAC.

Voyez un peu ! sur moi jé n'ai pas cette somme.
Jé pourrois dé cé pas pas l'aller chercher là-haut ;
Mais jé veux mé défaire à l'instant du maraud.
(*A Saint-Brice.*)
Pretez-moi dix écus.

SAINT-BRICE.

S'il faut que je le dise,
Ma bourse est demeurée au fond de ma valise :
Je n'ai que dix-huit-francs, monsieur.

M. DE CRAC

Donnez-les-moi.
(*Il reçoit les dix-huit francs.*)(*A Thomas, en le payant.*)
J'ai lé reste.   Tiens, pars.

SCENE XVII.

THOMAS.
          Et de bon cœur, ma foi.
M. DE CRAC, *d'un ton tragique.*
Gardé qu'ici démain lé jour né té surprenne.
THOMAS.
N'ayez pas peur. Voici les clefs de la garenne,
Du jardin, de la cave, et même du grenier.
Le garde, le laquais, surtout le jardinier,
Sont bien vos serviteurs, et sans cérémonie,
Monsieur, vont s'en aller tous trois de compagnie.

SCÈNE XVIII.

M. DE CRAC, SAINT-BRICE.

M. DE CRAC, *courant après Thomas.*
 (*Saint-Brice le retient.*)
INSOLENT! pour jamais fuyez de mon aspect.
Jé crois qué lé coquin m'a manqué dé respect.
SAINT-BRICE.
Je le trouve, en effet, fort brusque en ses manières.
M. DE CRAC.
Uné fatalité, mais des plus singulières,
Fait qué dé dix laquais il né m'en reste aucun ;
Mécontent de mes gens, et n'en réténant qu'un,
L'un dé ces jours passés j'en mis neuf à la porte.
SAINT-BRICE.
Quoi, neuf ?
M. DE CRAC.
          J'eus pour lé faire uné raison très forte.
Enfin à cet éclat jé m'étois décidé.
Thomas étoit fidèle, ét jé l'avois gardé.
Céci mé contrarie un peu plus qu'on né pense.

SAINT-BRICE.

Je sens cela.

M. DE CRAC.

Ma terre est d'un détail immense.

SAINT-BRICE.

Elle paroît superbe.

M. DE CRAC.

Ah ! vraiment, jé lé crois.
Deux mille arpents dé terre, ét lé double dé bois.

SAINT-BRICE.

Cette terre, sans doute, est une baronnie?

M. DE CRAC.

D'où relève, entré nous, mainté chatellenie.
J'ai bien les plus beaux droits ! Un autre, assurément,
S'en targuéroit; mais moi, j'en usé rarément.

SAINT-BRICE.

Je le crois.

M. DE CRAC.

Mais, mon cher, il faut qué jé lé dise;
Lé plus beau de mes droits est d'avoir pour dévise,
Ces trois mots seuls : JE VINS, JE VIS, et JE VAINQUIS.

SAINT-BRICE.

Ce titre est précieux.

M. DE CRAC.

Et surtout bien acquis.
Voici lé fait : peut-être il n'est pas dans l'histoire;
Mais il est sûr. PAUL CRAC, surnommé BARBE-NOIRE,
    (Il montre son portrait.)
Dans cé chateau soutint un siége dé deux mois
Contre Jules-César... c'est tout dire, jé crois.

SAINT-BRICE.

Bon !

SCÈNE XVIII.

M. DE CRAC.

Il né sé rendit encor qué par famine.
César en fit grand cas, comme on sé l'imagine,
Et lui permit dès-lors dé mettre ces trois mots.
Il prit dans cé chateau quelques jours de repos.
On voit encor pendue au plafond son épée,
L'épée avec laquelle il a tué Pompée.

SAINT-BRICE.

Pompée? il n'est pas mort de la main de César.

M. DE CRAC.

Vous croyez? Jé pourrois mé tromper par hasard :
Jé soumets, en tous cas, mes lumières aux votres.
S'il né tua Pompée, il en tua bien d'autres.
Vous occupez sa chambre.

SAINT-BRICE.
Ah!

M. DE CRAC.
L'on n'est pas fâché
Dé sé dire : « Jé couche où César a couché. »
Monsieur sourit ; peut-être il croit qué jé mé moque.

SAINT-BRICE.

Non. Mais ceci va faire une seconde époque.
(*Il feint de se reprendre.*)
(*A demi-voix.*)
Qu'ai-je dit?

M. DE CRAC.

Plaît-il?

SAINT-BRICE.
(*A demi-voix.*)
Rien. Que je suis indiscret!

M. DE CRAC.

Vous voulez, jé lé vois, mé cacher un secret.

SAINT-BRICE.

Non.

M. DE CRAC.

Tout à l'heure encor vous avez, par mégarde,
Et ce mot m'a frappé, parlé dé votre garde.

SAINT-BRICE.

Moi ! j'ai dit...

M. DE CRAC.

Oui, voyez ! vous en etés faché !
Mais il n'est pas moins vrai qué le mot est laché ;
Et puis, d'ailleurs, tenez, j'ai la vue assez fine.
J'entrevois... Oui, votre air et votre haute mine,
Tout m'annonce...

SAINT-BRICE.

Monsieur, ne me devinez pas.

M. DE CRAC.

Vous avez peur. Eh donc, jé vous dirai tout bas,
Qu'en vain vous déguisez lé sang qui vous fit naître,
Et qué depuis long-temps j'ai su vous reconnoître.

SAINT-BRICE.

Moi ?

M. DE CRAC.

Vous-meme.

SAINT-BRICE.

Eh bien !... non.

M. DE CRAC.

Achevez.

SAINT-BRICE.

Je ne puis
Je ne saurois vous dire encore qui je suis :
L'honneur, pour quelque temps, me condamne au silence ;
Pardon, avec regret je me fais violence.

Vous serez bien surpris tantôt, en vérité :
Je vais prendre un peu l'air.

(Il sort.)

SCÈNE XIX.
M. DE CRAC, seul.

Jé m en étois douté.
Oui, jé vais parier qué c'est quelqué grand prince,
Qui court *incognito* dé province en province.
Dé ma fille en sécret jé lé crois amoureux.
S'il pouvoit l'épouser, qué jé serois heureux !
J'ai toujours éludé les amants dé Lucile.
Marier uné fille, est chose difficile ;
Car dé mé dénuer, jé né suis pas si sot.
L'inconnu, s'il est prince, épouseroit sans dot.
Il faut qu'à ce hymen un peu jé la prépare ;
Car j'aime ma Lucile, ét né suis point barbare.
Jack !... Elle aime, jé crois, cé monsieur Franchéval ;
Mais il né tiendra pas contre un pareil rival.
Jack !...

SCÈNE XX.
M. DE CRAC, JACK.

JACK.

Monsieur lé varon !

M. DE CRAC.

Eh ! venez donc ; du zèle.

JACK.

Mais jé suis accouru.

M. DE CRAC.

Dis à mademoiselle
Dé venir à l'instant.

JACK.

Mais.... monsieur lé varon.

M. DE CRAC.

Eh bien! qu'est-ce?

JACK.

C'est qué.... c'est qué....

M. DE CRAC, *l'imitant.*

C'est qué...

JACK.

Pardon, Mademoiselle est bien occupée.

M. DE CRAC.

A quoi faire?

JACK.

Mais...

M. DE CRAC.

Voyons, qué fait-elle?

JACK.

Elle est fort en colère; Elle gronde beaucoup.

M. DE CRAC.

Qui?

JACK.

Monsieur Franchéval.

M. DE CRAC.

Il seroit?

JACK.

A ses pieds, prêt à sé trouver mal, Il démandé pardon.

M. DE CRAC.

Comment?....

SCÈNE XX.

JACK.

Mademoiselle
Lui disoit qu'il n'avoit nulle estime pour elle ;
Et monsieur Franchéval disoit qu'il l'adoroit,
Qu'il l'aimeroit toujours. Dame, c'est qu'il pleuroit !
Il mé faisoit pitié, vraiment....

M. DE CRAC.

Eh bien ! ensuite ?

JACK.

Vous m'avez appelé, jé suis vénu bien vite.

M. DE CRAC.

Rétourné vite ; va, Jack.

JACK.

Où faut-il aller ?

M. DE CRAC.

Va dire à Franchéval qué jé veux lui parler.

JACK.

J'y cours.

M. DE CRAC.

Ah ! jé m'en vais lé traiter, Dieu sait comme !
Non, j'aimé mieux parler à la fille qu'à l'homme :
Franchéval est bouillant, et l'on connoît les Crac.
Fais-moi venir ma fille.

JACK.

Eh ! mais...

M. DE CRAC.

Allez donc, Jack.

JACK.

Mais monsieur Franchéval....

M. DE CRAC.

Eh bien ?

JACK.

Il vient lui-même

M. DE CRAC.

Quoi?... Jé suis étonné dé cette audace estreme.

JACK.

Qu'avez-vous donc, monsieur le varon? vous semblez....
Jé né sais... on diroit vraiment qué vous tremblez.

M. DE CRAC.

Non, c'est qué jé frémis. Lé pauvre enfant! jé tremble!
Mais lé voici. Va, Jack, et laisse-nous ensemble.

(*Jack sort.*)

SCÈNE XXI.

M. DE CRAC, FRANCHEVAL.

M. DE CRAC, *à part.*

Jé lé croyois bien loin, et jé l'eusse aimé mieux.

(*Haut.*)

Quoi! monsieur, vous osez vous montrer à mes yeux,
Après cé qué jé sais?

FRANCHEVAL.

Eh! oui, monsieur, jé l'ose.
J'ose plus, et jé viens pour vous dire uné chose :
J'adoré votré fille.

M. DE CRAC.

Et vous lé répétez?

FRANCHEVAL.

Sans doute; ét pourquoi pas?

M. DE CRAC.

Ainsi, vous m'insultez!
C'est peu qué l'on vous trouve aux génoux dé Lucile....
Mais vous mé prenez donc pour un père imbécile?

SCÈNE XXI.

FRANCHEVAL.

Moi, monsieur? point du tout.

M. DE CRAC.

Vous me manquez, monsieur.

FRANCHEVAL.

En quoi? mais au surplus, jé suis hommé d'honneur.
Vous mé voyez ici pret à vous satisfaire,
Si j'ai pu vous manquer.

M. DE CRAC.

Oh! c'est une autre affaire.
Dé quel droit, jé vous prie, osez-vous, en cé jour
Parler seul à ma fille et lui parler d'amour?

FRANCHEVAL.

Eh! mais vous lé savez. C'est parcé qué jé l'aime,
Qué j'aspire à sa main, qué vous m'avez vous-meme
Permis de l'espérer.

M. DE CRAC.

J'ai changé dé dessein.
Dé ma fille à présent n'attendez plus la main:
Quelqu'un... qui vous vaut bien, va déyénir mon gendre.
Ainsi....

FRANCHEVAL.

Croirai-jé bien cé qué jé viens d'entendre?
Un autre?... pourriez-vous à cé point mé jouer?

M. DE CRAC.

La démande est plaisante, il lé faut avouer.
Ma fille est à moi.

FRANCHEVAL.

Non. S'il faut qué jé lé dise,
Elle n'est plus à vous. Vous mé l'avez promise:
Vous mé la retirez; c'est uné trahison:
Et vous mé permettrez d'en démander raison.

M. DE CRAC.

A moi?

FRANCHEVAL.

Vous n'êtes plus à présent mon beau-père,
Et voudrez bien vous vattre avec moi, jé l'espère;
Vous hésitez?

M. DE CRAC.

J'hésite, ét suis dé bonné foi.

FRANCHEVAL.

Auriez-vous peur?

M. DE CRAC.

Jé crains, mais cé n'est pas pour moi.
Oui, jé plains, Franchéval, votre jeunesse estreme,
Et j'ai quelque régret... Dans lé fond jé vous aime.

FRANCHEVAL.

Jé vous suis obligé.

M. DE CRAC, *à part.*

Bon. Saint-Brice paroît.

(*Haut.*)

Oui, oui, nous nous vattrons, à l'instant, s'il vous plaît.

(*Plus haut.*)

Jack, descends mon épée.

SCÈNE XXII.

LES MÊMES, SAINT-BRICE.

SAINT-BRICE.

Eh! qu'on voulez-vous faire,
Mon cher hôte?

M. DE CRAC.

Mé vattre avec cé téméraire,
Qu'aux génoux dé ma fille un valet a trouvé.

SCÈNE XXII.

SAINT-BRICE.

Monsieur, votre courage est assez éprouvé.
Vous allez vous commettre avec un tel jeune homme?
   (*A Francheval.*)
Et vous, cher Francheval, que partout on renomme,
   (*Bas.*)
Quoi! c'est contre un vieillard qu'ici vous vous armez?
   (*Haut.*)
Contre le père, enfin, de ce que vous aimez.
   (*Déclamant.*)
Songez que l'offenseur est père de Chinène.

FRANCHEVAL.

Ah! cé mot a suffi pour éteindre ma haine.
   (*A M. de Crac.*)
Pardonnez-moi, monsieur, cet aveugle transport.

M. DE CRAC.

Dé tout mon cœur : moi-même, après tout, j'avois tort;
Cé combat inégal pouvoit mé compromettre.

SAINT-BRICE.

Je me battrai pour vous, si vous voulez permettre.
Aussi-bien à monsieur j'ai promis ce plaisir.

M. DE CRAC.

Quel Champion plus brave aurois-je pu choisir?

FRANCHEVAL.

Il faut bien, en effet, qué Lucile vous coûte
Quelque combat, au moins; car vous etes sans doute
Cé rival préféré.

SAINT-BRICE.

Peüt-être; au fait, mes droits
Sur son cœur valent bien les vôtres, je le crois.

FRANCHEVAL.

C'est cé qué l'on va voir.

SAINT-BRICE.

Avant que de nous battre,
Messieurs, il est un point qu'il est bon de débattre.
Lucile apparemment est le prix du vainqueur?

M. DE CRAC, *bas, à Saint-Brice.*

Mon prince, si c'est vous, j'y consens dé bon cœur.

SAINT-BRICE.

Si c'est monsieur, de même ; et l'équité l'exige.

M. DE CRAC.

Jé n'y puis consentir.

SAINT-BRICE.

Consentez-y, vous dis-je.
Pour moi, je ne me bats qu'à ces conditions.

FRANCHEVAL, *bas, à Saint-Brice.*

Il eût toujours fallu qué nous nous vattissions.

SAINT-BRICE.

(*A M. de Crac*)
Sans doute. S'il me tue, il doit avoir la pomme.
(*Bas, à M. de Crac.*)
Je suis, en me battant, sûr de tuer mon homme.

M. DE CRAC, *bas, à Saint-Brice.*

Lé gaillard sé bat bien ; puis l'amour rend adroit :
Il est bouillant.

SAINT-BRICE, *bas, à M. de Crac.*

Tant mieux : moi je suis calme et froid.

FRANCHEVAL.

Soyez impartial, commé doit etre un juge.

M. DE CRAC, *à part.*

Après tout, jé saurai trouver un subterfuge.
(*Haut, à Saint-Brice.*)
Eh bien donc ! jé consens qué Lucile aujourd'hui

SCÈNE XXII.

Épousé lé vainqueur, qué cé soit vous ou lui.
J'en sérai lé témoin.

SAINT-BRICE.

Vous serez juge d'armes.

M. DE CRAC.

Bon. D'un combat pour moi la vue a millé charmes.

FRANCHEVAL.

Oui, commé quand on voit un naufragé du port.

SAINT-BRICE, *déclamant.*

Mais je suis désarmé. Voulez-vous bien d'abord
Dans mon appartement aller chercher l'épée...
Avec laquelle un jour César tua Pompée?

M. DE CRAC.

Oui, j'aurai grand plaisir à vous la confier.

(Il sort.)

SCÈNE XXIII.

SAINT-BRICE, FRANCHEVAL.

SAINT-BRICE.

Ça, mon cher, il est temps de me justifier.
Je vous semble un rival, et suis tout le contraire.
De Lucile voyez, non l'amant, mais le frère.

FRANCHEVAL.

Est-il possible, ô ciel!..

SAINT-BRICE.

D'honneur! rien n'est plus vrai.
Vous voyez qu'entre nous le combat sera gai.
Mais les moments sont chers ; reconnoissons la carte :
Poussez toujours en tierce, et moi toujours en quarte.

(Il lève l'épée de Francheval en l'air.)

Et d'après ce signal, je serai désarmé.
D'être battu par vous vous me verrez charmé :

Mais ne me tuez pas; car ce seroit dommage
Que je ne visse point votre heureux mariage.

FRANCHEVAL.

Plutot mourir cent fois. Je vois, aimable ami,
Que vous ne savez point obliger à demi.

SAINT-BRICE, *voyant M. de Crac.*

Chut!

SCÈNE XXIV.

LES MÊMES, M. DE CRAC.

M. DE CRAC.

La voici : peut-etre est-elle un peu rouillée.

SAINT-BRICE.

Bientôt d'un sang plus frais vous la verrez mouillée.
Allons, monsieur, en garde.

FRANCHEVAL.

Oui, monsieur, m'y voilà.
(*Ils se battent.*)

M. DE CRAC.

Ma fille! ô ciel!

FRANCHEVAL, *tout en se battant.*

Monsieur, de grace, écartez-là.

SCÈNE XXV.

LES MÊMES, MADEMOISELLE DE CRAC.

MADEMOISELLE DE CRAC.

Ciel! que vois-je, mon père?

M. DE CRAC.

Éloignez-vous, Lucile;
Sortez.

SCÈNE XXV.

MADEMOISELLE DE CRAC.

Ah! cé n'est pas lé cas d'etre docile.
(*Elle court aux combattants.*)
Cruels, séparez-vous, ou tuez-moi tous deux.

M. DE CRAC.

Insensée, allez-vous vous mettre au milieu d'eux?

MADEMOISELLE DE CRAC.

Jé mé murs.
(*Elle s'évanouit.*)

FRANCHEVAL.

Quel objet pour ma vivé tendresse!
(*Saint-Brice se laisse désarmer.*)
Cher Crac, pansez monsieur: jé vole à ma maîtresse.

M. DE CRAC, *à Saint-Brice.*

Vous vous vantiez si fort, et vous voilà vattu?

SAINT-BRICE.

C'est la première fois.

MADEMOISELLE DE CRAC, *revenant à elle.*

Cher Franchéval, vis-tu?

FRANCHEVAL.

Oui, jé vis pour t'aimer, pour t'adorer... qué sais-je?
Pour etre ton époux.

M. DE CRAC, *à part.*

Comment éluderai-je?

SAINT-BRICE.

C'est un point arrêté.

MADEMOISELLE DE CRAC.

Mon père, est-il bien vrai?

M. DE CRAC.

(*A part.*)
Ma fille, j'en conviens. Bon! jé trouve un délai.

(*Haut.*)
Il survient un ostacle.

FRANCHEVAL.
Et léquel, jé vous prie?

M. DE CRAC.
Mon fils ; il né veut pas qué sa sœur sé marie.

MADEMOISELLE DE CRAC.
Quoi?...

M. DE CRAC.
Dé lui jé reçois uné lettre, à l'instant.
Il mé mande, en effet, son facheux accident.
Mais sa jambé va bien ; il a bonne espérance ;
Et nous lé réverrons lé mois prochain en France.
Sa dernière victoire a tout calmé là-bas.

SAINT-BRICE.
Ah!

M. DE CRAC. (*Il feint de lire, mais se tient à l'écart.*)
« Surtout, cher papa (m'écrit-il), n'allez pas
« Vous hater d'établir ma sur dans la province ;
« Jé l'ai presqué promise au fils d'un très grand prince. »
On sent qu'un tel hymen, et surtout qu'un tel fils,
Méritent quelqu'égard.

SAINT-BRICE.
C'est aussi mon avis.
Expliquons-nous pourtant ici, je vous conjure.
De renchérir sur vous j'avois fait la gageure,
Et j'espérois gagner. Ce nouvel incident
M'étonne, mais j'espère en sortir cependant.
Monsieur d'Irlac enfin, (et c'est mon coup de maître)
Vous le faites écrire ; et je le fais paroître.

M. DE CRAC.
Qué voulez-vous dire?

SCÈNE XXV.

SAINT-BRICE.

Oui, ce fils, ce frère...

M. DE CRAC.

Hé quoi?...

SAINT-BRICE, *gasconnant un peu.*

Vous né dévinez pas, cher papa, qué c'est moi?

MADEMOISELLE DE CRAC.

Ciel! mon frère!

M. DE CRAC.

Mon fils? il s'est cassé la jambe,
Dis-tu?

SAINT-BRICE, *gasconnant dans le premier vers.*

Jé lé croyois, il rédévient ingambe.
Quoi! vous n'avez pas eu quelques pressentimens?
Comment! depuis au moins dix heures que je mens,
(*Gasconnant encore.*)
Vous n'avez pas connu votré sang, mon cher père?

M. DE CRAC.

Lé coquin! qu'il a bien tout l'esprit dé sa mère!

SAINT-BRICE.

Sans doute vous tiendrez la promesse?

M. DE CRAC.

Oui, mon fils.

SAINT-BRICE.

Et la petite sœur? elle est de notre avis?

MADEMOISELLE DE CRAC.

Ou vous etés du mien.

M. DE CRAC.

Jé né mé sens pas d'aise.
Mais vous etés pourtant, mon fils, né vous déplaise,
Le plus hardi havleur!...

SAINT-BRICE.

Pardon, cent fois pardon.
Mais quoi, le carnaval, et même, que sait-on?...
Votre exemple, peut-être, enfin la circonstance;
Tout cela sollicite un peu votre indulgence.

M. DE CRAC.

J'ai bien lé temps ici dé mé fâcher, vraiment!
Jé suis tout au plaisir d'embrasser mon enfant.

SCÈNE XXVI.

LES MÊMES, VERDAC.

M. DE CRAC, *à Verdac.*

VERDAC, voilà mon fils.

VERDAC, *à part.*

Surcroît dé bonné chère.

(*Haut.*)
Est-il vrai? Qué pour moi cetté nouvelle est chère!
C'est là monseu d'Irlac!

SAINT-BRICE.

Oui, monsieur, enchanté
De...

VERDAC.

Qué jé vous embrasse, enfant si régretté!
Lé ciel enfin permet qu'ici l'on vous révoie!

M. DE CRAC.

Par vos ravissements jugez donc dé ma joie!

VERDAC.

Oh! oui; quand votre fils révole dans vos bras,
Vous allez sûrement nous tuer le veau gras?
Dieu sait si j'aimé, moi, les répas dé famille!

SCÈNE XXVI.

M. DE CRAC.

Cé n'est pas tout, jé viens dé marier ma fille
Avec Franchéval.

VERDAC, à part.

Bon! encor nouveau festin.

(Haut.)

Né mé trompez-vous pas?

M. DE CRAC.

Non, rien n'est plus certain.

VERDAC, à Franchéval.

Ah! mon cher Franchéval, quel bonheur est lé votre!
(A part.)
Ces deux repas pourtant sont trop près l'un dé l'autre.

SAINT-BRICE.

Mais de cette union je suis tout occupé.
Venez, mon père.

VERDAC.

Allons-en causer à soupé.

SCÈNE XXVII.

LES MÊMES, JACK.

JACK, accourant.

Monsieur lé varon!...

M. DE CRAC.

Quoi?

JACK.

Voici tout lé village.

M. DE CRAC.

Eh mais! qué mé veut-il?

JACK.

Vous rendre son hommage.
On vient dé touté part pour voir monseu d'Irlac.

(*A Saint-Brice.*)
Veut-il bien agréer l'humble salut dé Jack?

SAINT-BRICE, *lui donnant une petite tape.*
Bonjour, petit ami.

M. DE CRAC.
Lé village est honnête :
Mon bonheur fut toujours uné publique fete.

SCÈNE XXVIII.

LES MÊMES, LE MAGISTER *à la tête du village.*

LE MAGISTER *chante* [1], *toujours avec l'accent.*
Nous révoyons un Télémaque
Sous les traits dé M. d'Irlac.
Et qu'étoit la chétive Ithaque,
Auprès du beau château dé Crac?
Ah! si l'on aimé sa patrie,
Fut-on Iroquois ou Lapon;
Combien doit-elle etré chérie,
Dé célui qui naquit Gascon!

M. DE CRAC.
Magister, vous chantez moins clair qué dé coutume.

LE MAGISTER.
Lé village, en criant, vient dé gagner un rhume.

SAINT-BRICE.
Qu'à mes pieds la Gascogne tombe.
Mon père me cède, il rougit.
Que je meure, et que sur ma tombe
Il grave lui-même : « Ci gît

---

[1] On peut chanter ces couplets sur l'air du *Petit Matelot.*

SCENE XXVIII.

« Mon fils, mon maître en l'art suprême,
« Où d'exceller nous nous piquons ;
« Qui me battit enfin moi-même,
« Moi qui battois tous les Gascons. »

MADEMOISELLE DE CRAC, *à Francheval.*

J'admire uné tellé victoire :
Mais né va point la disputer.
Né mé fais jamais rien accroire ;
Né viens pas meme mé flatter.
Qué l'amant par fois esagère,
C'est assez l'usage, dit-on :
Mais avec moi, du moins, j'espère,
L'époux né séra point Gascon.

FRANCHEVAL.

Né crains pas dé moi pareil piége :
J'en tirerois peu dé profit.
A quel propos té flatterois-je,
Puisqué la vérité suffit?
Non, non ; jé né suis point l'esclave
D'un sot préjugé, d'un vain nom.
On peut etre Gascon ét brave ;
On peut être franc ét Gascon.

VERDAC.

O l'invention délectable
Qué celle d'un beau carnaval !
Si l'on étoit toujours à table,
On né féroit jamais dé mal.
Moi jé né suis point ridicule :
Peu m'importe l'état, lé nom.
Jé mangérois, sans nul scrupule,
Chez lé Grand-Turc, foi de Gascon !

JACK *commence à chanter.*

Donner déja du cor en maître...

M. DE CRAC.

Eh quoi ! lé pétit Jack sé donne la licence !...

SAINT-BRICE.

Ah ! c'est le carnaval : un peu de complaisance.

M. DE CRAC, *souriant à Jack.*

Allons.

JACK.

Donner déja du cor en maître,
Verser à boire à mons Verdac,
Méner encor les dindons paître,
Tel est lé triple emploi dé Jack :
Mes dignités né sont pas minces :
Jé suis pétit ; mais qué sait-on ?...
Un homme des autres provinces
Né vaut pas un enfant Gascon.

M. DE CRAC, *au public.*

On sé fait là-bas uné fete
Dé savoir lé sort dé céci.
En tout cas, ma réponse est prete :
Jé dirai qué j'ai réussi.
Mon sort seroit digné d'envie,
Si vous né disiez pas qué non.
Alors, uné fois dans ma vie,
J'aurois dit vrai, quoiqué Gascon.

FIN DE M. DE CRAC.

LE
VIEUX CÉLIBATAIRE,

COMÉDIE

PAR COLLIN D'HARLEVILLE,

Représentée, pour la première fois, en 1792.

PERSONNAGES.

M. DUBRIAGE, le vieux célibataire.
MADAME ÉVRARD, sa gouvernante.
ARMAND, neveu de M. Dubriage, sous le nom de Charle.
LAURE, femme d'Armand.
AMBROISE, intendant de M. Dubriage.
GEORGE, filleul et portier de M. Dubriage.
JULIEN et SUSON, enfants de George.
CINQ COUSINS de M. Dubriage.

La scène est à Paris, chez M. Dubriage.

LE VIEUX CÉLIBATAIRE,
COMÉDIE.

La scène représente, pendant la pièce, un salon.

ACTE PREMIER.

SCÈNE I.

CHARLE, *seul.*

Je viens de l'éveiller ; il va bientôt paroître.
Allons.... il m'est si doux de servir un tel maître !....
Rangeons tout comme hier ; il faut placer ici
Sa table, son fauteuil, son livre favori.
Il aime l'ordre en tout ; et, certain de lui plaire,
Je me fais de ces riens une importante affaire.

SCÈNE II.

CHARLE, GEORGE.

GEORGE.

Ah ! l'on peut donc enfin vous saisir un moment,
Monsieur Armand.

CHARLE.

Toujours tu me nommes Armand,
Et tu me trahiras.

GEORGE.
Pardon, je vous supplie.
CHARLE.
Charle est mon nom.
GEORGE.
Eh! oui, je le sais, mais j'oublie.
Je m'en ressouviendrai, ne soyez plus fâché.
Pendant que tout le monde est encore couché,
Causons : dites-moi donc bien vite où vous en êtes,
Ce que vous devenez, les progrès que vous faites :
Votre sort en dépend ; j'y suis intéressé.
CHARLE.
Eh mais! je ne suis pas encor très avancé.
Il faut qu'avec prudence ici je me conduise...
Puis, j'attends qu'en ces lieux ma femme s'introduise,
Pour agir de concert.
GEORGE.
Oui, vous avez raison ;
Mais vous voilà du moins entré dans la maison.
CHARLE.
Ah! comment! à quel titre, et combien il m'en coûte !
Moi, domestique ici!
GEORGE.
C'est un malheur, sans doute :
Mais pour servir son oncle, est-on déshonoré?
Je le répète encor, c'est beaucoup d'être entré :
Et j'eus, lorsque j'y songe, une idée excellente ;
Ce fut de vous offrir à notre gouvernante
Comme un parent.
CHARLE.
Jamais pourrai-je m'acquitter?...

ACTE I, SCÈNE II.

GEORGE.

Allons !... ce que j'en dis n'est pas pour me vanter...
Je ne me prévaux point, mais je vous félicite.
C'est moi qui bien plutôt ne serai jamais quitte.
Votre bon père, hélas ! dont j'étois serviteur,
A pendant dix-huit ans été mon bienfaiteur.
Oui, cher Armand... pardon... mais je vous ai vu naître;
J'ai vu mourir aussi ma maîtresse et mon maître :
Jugez si George doit aimer, servir leur fils !

CHARLE.

Pourquoi le ciel sitôt me les a-t-il ravis ?
Ah ! pour m'être engagé par pure étourderie...

GEORGE.

Eh ! monsieur, laissez là le passé, je vous prie :
Oui, voyez le présent, et surtout l'avenir.
N'est-il pas fort heureux, il faut en convenir,
Que je sois le filleul de monsieur Dubriage ;
Qu'après deux ou trois mois tout au plus de veuvage,
La gouvernante m'ait, j'ignore encor pourquoi,
Fait venir tout exprès pour être portier, moi,
De sorte que je pusse ici vous être utile ;
Et que, depuis trois mois, venu dans cette ville,
Vous me l'ayez fait dire, au lieu de vous montrer :
Que j'aie imaginé, moi, de vous faire entrer,
Et que madame Évrard, si subtile et si fine,
Vous ait reçu d'abord sur votre bonne mine ?

CHARLE.

Il est vrai...

GEORGE.

C'est votre air de décence, et surtout
De jeunesse... que sais-je ?... Oui, la dame a du goût.

CHARLE.

Souvent, et j'apprécie une faveur pareille,
On diroit qu'elle veut me parler à l'oreille.

GEORGE.

Ne voudroit-elle pas vous faire par hasard
Un tendre aveu?... Mais non, j'ai tort; madame Évrard!
Elle est d'une sagesse, oh mais! à toute épreuve.
Cet Ambroise, entre nous, qui, depuis qu'elle est veuve,
Remplace le défunt dans l'emploi d'intendant,
L'aime fort, et voudroit l'épouser : cependant
Avec lui, je le vois, elle est d'une réserve!...

CHARLE.

Je l'observe en effet.

GEORGE.

A propos, moi j'observe
Qu'Ambroise vous hait fort.

CHARLE.

Rien n'est moins surprenant;
Avec mon oncle même il est impertinent :
Puis il craint, entre nous, que je ne le supplante.

GEORGE.

Écoutez donc, monsieur! sa place est excellente;
Et vraiment mon parrain vous aime tout-à-fait,
Sans vous connoître encor.

CHARLE.

Je le crois en effet,
George, et c'est un grand point : oui, ce seul avantage
Me flatte beaucoup plus que tout son héritage.
Pourvu que je lui plaise, il m'importe fort peu
Que ce soit le valet, que ce soit le neveu :
Si je ne touche un oncle, au moins j'égale un maître.

ACTE I, SCÈNE II. 363

GEORGE.

A de tels sentiments j'aime à vous reconnoître.

CHARLE.

Au fait, depuis trois mois que j'habite en ces lieux,
D'abord, sous un faux nom, j'ai trouvé grâce aux yeux
D'un oncle qui me hait sous mon nom véritable.
Ajoute que j'ai su rendre douce et traitable
Madame Évrard, qui, grâce à mon déguisement,
Semble sourire à Charle, en détestant Armand.
Voilà trois mois fort bien employés.

GEORGE.

Oui, courage;
Madame votre épouse achèvera l'ouvrage.

SCÈNE III.

CHARLE, GEORGE, LE PETIT JULIEN.

GEORGE.

Eh! que veux-tu, Julien?

JULIEN, *regardant autour de lui.*

Moi, papa?

GEORGE.

Qu'as-tu là?

JULIEN, *lui remettant une lettre.*

C'est mon cousin Pascal qui m'a remis cela,
Sans me rien dire, et puis d'une vitesse extrême,
Crac, il s'est en allé : moi, je m'en vais de même...
Car si monsieur Ambroise arrivoit... ah! bon dieu!..
Au revoir, monsieur Charle.

CHARLE, *affectueusement.*

Oui, Julien... Sans adieu.

(*Julien sort.*)

SCÈNE IV.

CHARLE, GEORGE.

CHARLE.

Il est gentil... Eh bien! quelle est donc cette lettre?

GEORGE.

(*Ouvrant la lettre.*)

Je me doute que c'est... Vous voulez bien permettre?..

CHARLE.

Eh! lis,

GEORGE.

C'est le billet que j'attendois.

CHARLE.

Lequel?

GEORGE.

Oui, le certificat de ce maître d'hôtel,
Du vieux ami d'Ambroise.

CHARLE.

Ah! de monsieur Lagrange.
Eh bien?

GEORGE.

Eh bien! monsieur, grâce au ciel, tout s'arrange,
Comme vous allez voir.

(*Il donne la lettre à Charle.*)

CHARLE, *lisant.*

« Mon cher Ambroise... Eh quoi?

GEORGE.

La lettre est pour Ambroise, et vous verrez pourquoi.

CHARLE, *continuant de lire.*

« J'ai su que vous cherchiez une jeune servante,
« Qui tînt lieu de second à votre gouvernante.

ACTE I, SCENE IV.

« J'ai trouvé votre affaire, un excellent sujet ;
« C'est celle qui vous doit remettre ce billet :
« Vous en serez content ; elle est bien née, et sage,
« Et docile : peut-être à son apprentissage...
« Mais sous madame Évrard elle se formera ;
« Je vous la garantis, mon cher... » *et cætera*.

GEORGE.

Sous l'habit de servante, il fait entrer la nièce.

CHARLE.

Voilà, mon ami George, une excellente pièce.

GEORGE.

Vous pensez bien qu'avec un pareil passe-port,
Madame votre épouse est admise d'abord.

CHARLE.

Oui, j'ose l'espérer. Tu me combles de joie.
Pour l'aimer, il suffit que mon oncle la voie,
Qu'il l'entende un moment. Tu ne la connois pas.

GEORGE.

Si fait.

CHARLE.

Eh oui ! tu sais qu'elle a quelques appas ;
Mais tu ne connois point cet esprit, cette grâce
Qui m'ont d'abord touché. Je la vis en Alsace,
A Colmar. J'y servois ; car je n'ai jamais pu
Achever un récit souvent interrompu.
J'avois eu le bonheur d'être utile à son père :
Cela seul me rendit agréable à la mère.
Sans savoir qui j'étois, on m'estimoit déja ;
Je me nommai ; le père alors me dégagea,
Me fit son gendre. Eh bien ! j'ai toujours chez ma femme
Trouvé même douceur et même bonté d'âme.

je regrettois mon oncle; elle me suit d'abord:
ici, comme à Colmar, elle bénit son sort.
Que lui faut-il de plus? elle travaille et m'aime.
Si mon oncle la voit, il l'aimera lui-même;
J'oserois en répondre. Encor quelques instants,
Et nos maux sont finis : je me tais et j'attends.

GEORGE.

Je fais la même chose aussi, je dissimule.
Dans le commencement je m'en faisois scrupule;
Mais, en fermant les yeux, je vous ai mieux servi.
J'ai donc feint d'ignorer que chacun à l'envi,
Dans la maison, voloit, pilloit à sa manière :
Sans parler des envois de notre cuisinière,
Qui ne fait que glaner; madame Évrard tout bas
Moissonne, et chaque jour amasse argent, contrats.
Ambroise est possesseur d'une maison fort grande,
Achetée aux dépens de qui? je le demande :
Chaque jour il y met un nouveau meuble; aussi
Je vois que chaque jour il en manque un ici;
De façon que bientôt, si cela continue,
L'une sera garnie et l'autre toute nue.

CHARLE.

Je leur pardonnerois tout cela de bon cœur,
S'ils avoient de mon oncle au moins fait le bonheur :
Mais ce qui me désole est de voir que les traîtres
Le volent, et chez lui font encore les maîtres.
Pauvre oncle! il sent son mal; et je vois à regret
Que, s'il n'ose se plaindre, il gémit en secret

SCÈNE V.

CHARLE, GEORGE, MADAME ÉVRARD.

GEORGE, *bas, à Charle.*

Voici madame Évrard : oh! comme, à votre vue,
Elle se radoucit!

CHARLE.

(*Bas, à George.*) (*A madame Évrard.*)
Paix donc!.. Je vous salue,
Madame.

GEORGE, *avec force révérences.*

J'ai l'honneur...

MADAME ÉVRARD, *à Charle.*

Ah! bon jour, mon ami.

(*A George.*)
Que fais-tu là?

GEORGE.

Pendant qu'on étoit endormi,
Nous causions.

MADAME ÉVRARD.

Va causer en bas.

GEORGE.

C'est moi qu'on blâme,
Et c'est lui qui toujours me parle de madame.

MADAME ÉVRARD.

De moi? que disoit-il?

GEORGE.

Que vous embellissiez,
Qu'il sembloit chaque jour que vous rajeunissiez.

MADAME ÉVRARD.

Oui? Charle dit toujours des choses délicates;

Mais il est trop galant, ou c'est toi qui me flattes :
Descends, et garde bien ta porte.

GEORGE.

Oh ! dieu merci,
L'on sait un peu...

MADAME ÉVRARD.

Ne laisse entrer personne ici
Sans m'avertir.

GEORGE.

Non, non.

MADAME ÉVRARD.

Surtout pas une lettre,
Qu'à moi seule d'abord tu ne viennes remettre.

GEORGE.

Oh non ! je ne crois pas qu'on écrive à présent.

MADAME ÉVRARD.

Il n'importe. Va donc.

(George sort.)

SCÈNE VI.

MADAME ÉVRARD, CHARLE.

MADAME ÉVRARD, *à part, pendant que Charle range dans la chambre.*

GEORGE est un bon enfant :
Mais sur de telles gens quel fonds pourroit-on faire ?
Pour Ambroise, sa marche à la mienne est contraire ;
Et c'est le dernier homme à qui je me fierois....
Si j'intéressois Charle à mes desseins secrets ?
Il me plaît ; monsieur l'aime ; il a de la prudence,
De l'esprit : mettons-le dans notre confidence....

(*Haut.*)

Comment vous trouvez-vous ici ?

ACTE I, SCÈNE VI.

CHARLE.

Fort bien, ma foi,
Et je serois tenté de me croire chez moi.

MADAME ÉVRARD.

Allez, soyez toujours honnête et raisonnable :
Cette maison pour vous sera très agréable ;
Monsieur semble déjà vous voir d'assez bon œil.

CHARLE.

C'est à vous que je dois ce favorable accueil.

MADAME ÉVRARD.

Je possède, il est vrai, toute sa confiance.

CHARLE.

C'est le fruit du talent et de l'expérience,
Madame.

MADAME ÉVRARD.

Ce fruit-là, je l'ai bien acheté :
Hélas ! si vous saviez ce qu'il m'en a coûté,
Depuis dix ans entiers que j'habite ici !...
(Se recueillant un moment, et regardant autour d'elle.)

Charle,
Il faut à cœur ouvert enfin que je vous parle ;
Car vous m'intéressez : vous êtes doux, prudent,
Discret ; et, comme on a besoin d'un confident
Qui vous ouvre son cœur, et lise au fond du vôtre,
Et que vous n'êtes point un laquais comme un autre....

CHARLE.

Non : j'espère qu'un jour vous le reconnoîtrez.

MADAME ÉVRARD.

Écoutez donc, mon cher ; et bientôt vous verrez
Tout ce qu'il m'a fallu de courage et d'adresse
Pour être en ce logis souveraine maîtresse.

Nous avons fait tous deux jouer plus de ressorts,
Mon pauvre Évrard et moi!... (car il vivoit alors;
Depuis bientôt deux ans, cher monsieur, je suis veuve,
(Essuyant ses yeux.)
Et c'est avoir passé par une rude épreuve!...)
Nous avons de concert banni tous les voisins,
Les amis, les parents, jusqu'aux derniers cousins.

CHARLE.

A la fin, vous voici maîtresse de la place.

MADAME ÉVRARD.

Reste encore un neveu, mais un neveu tenace...

CHARLE.

Monsieur, comme je vois, n'a point d'enfants?

MADAME ÉVRARD.

Aucun.

CHARLE.

Il a donc des neveux, madame?

MADAME ÉVRARD.

Il n'en a qu'un;
Mais ce neveu tout seul me donne plus de peine!...
C'est que je vois de loin où tout ceci nous mène.
S'il rentre, c'est à moi de sortir.

CHARLE.

En effet.

MADAME ÉVRARD.

Aussi, pour l'écarter, Dieu sait ce que j'ai fait!
Mon intrigue et mes soins remontent jusqu'au père.
Monsieur n'eut qu'un beau-frère : il l'aimoit!...

CHARLE.

Comme un frère.

ACTE I, SCÈNE VI.

MADAME ÉVRARD.

Les brouiller tout-à-fait eût été trop hardi ;
Mais pour le frère au moins, je l'ai bien refroidi.

CHARLE.

J'entends.

MADAME ÉVRARD.

Contre un absent on a tant d'avantage !
Le sort à celui-ci ravit son héritage.
Je traitai ses revers d'inconduite : on me crut.

CHARLE.

Ah ! fort bien.

MADAME ÉVRARD.

Jeune encor, grâce au ciel, il mourut.

CHARLE, *à part.*

Hélas !

MADAME ÉVRARD.

Qu'avez-vous ?

CHARLE.

Rien.

MADAME ÉVRARD.

Laissant un fils unique,
Ce neveu que je crains...

CHARLE.

Que vous ?... Terreur panique !
C'est à lui de vous craindre.

MADAME ÉVRARD.

Oui, peut-être aujourd'hui :
Mais l'oncle alors, sans moi, l'eût rapproché de lui.
« Son entretien sera moins coûteux en province,
« Lui dis-je, chargez-m'en. » L'entretien fut très mince,
Comme vous pouvez croire. Il se découragea ;
Il jeta les hauts cris ; enfin il s'engagea.

C'est où je l'attendois. Je sus avec finesse
Exagérer ce tort, ce vrai tour de jeunesse;
Et monsieur l'excusoit encore.

CHARLE.

Il est si bon!

MADAME ÉVRARD.

Mon jeune homme écrivit pour demander pardon :
Je supprimai la lettre et vingt autres messages...
J'en ai mon coffre plein.

CHARLE.

Précautions fort sages!

MADAME ÉVRARD.

J'en ai lu deux ou trois, mais exprès, entre nous,
Avec un commentaire.

CHARLE.

Oh! je m'en fie à vous.

MADAME ÉVRARD.

Il se perdit lui-même.

CHARLE.

Eh! comment, je vous prie?

MADAME ÉVRARD.

Par inclination enfin il se marie,
L'an dernier, à l'insu de son oncle.

CHARLE.

A l'insu!

Il n'avoit point écrit?

MADAME ÉVRARD.

Monsieur n'en a rien vu.
Moi j'ai peint tout cela d'une couleur affreuse,
Et la femme, entre nous, comme une malheureuse,
Sans état, sans aveu. L'oncle enfin éclata,
Et l'indignation à son comble monta;

ACTE I, SCÈNE VI.

De malédictions il chargea le jeune homme,
Et même il ne veut plus désormais qu'on le nomme.

CHARLE, *se contenant à peine.*

Tout cela me paroît on ne peut mieux conduit.
Ainsi de vos travaux vous recueillez le fruit?

MADAME ÉVRARD, *regardant encore si personne n'écoute.*

Pas tout-à-fait : je vais vous confier encore
Un secret délicat, qu'Ambroise même ignore.
Le dessein est hardi : j'ose me proposer,
Pour tenir mieux mon maître...

CHARLE.
    Eh bien?

MADAME ÉVRARD.
       De l'épouser.

CHARLE.

D'épouser !... En effet, j'admire la hardiesse...

MADAME ÉVRARD.

Jusque-là, je craindrai le neveu, quelque nièce...

CHARLE.

J'entends. Vous avez donc un peu d'espoir?

MADAME ÉVRARD.
        Un peu.

Depuis un an, je cache adroitement mon jeu.
D'abord, parler d'hymen à qui ne voit personne,
C'est assez me nommer.

CHARLE.
   La conséquence est bonne.

MADAME ÉVRARD.

Je lui fais de l'hymen des portraits enchanteurs;
Je lis, comme au hasard, des endroits séducteurs;
Là, je fais une pause, afin qu'il les savoure.

Théâtre. Com. en vers

CHARLE.

A merveille !

MADAME ÉVRARD.

D'enfants à dessein je l'entoure.
J'ai fait venir exprès son filleul, le portier.
Pour lui cette maison étant le monde entier,
De ces joyeux époux les touchantes tendresses,
Les jeux de leurs enfants, leurs naïves caresses,
Tout cela, par degrés, l'attache, l'attendrit,
Pénètre dans son cœur, ébranle son esprit :
Et, quand il est tout seul, ces images chéries
Lui doivent inspirer de tendres rêveries.
J'en suis là, mon ami.

CHARLE.

Mais c'est déja beaucoup.

MADAME ÉVRARD.

Ce n'est pas tout, il faut frapper le dernier coup.
Charle, seul avec vous, quand monsieur s'ouvre, cause,
S'il soupire et paroît regretter quelque chose,
Alors insinuez qu'il est bien isolé,
Que par une compagne il seroit consolé ;
Peignez-moi, j'y consens, sous des couleurs riantes ;
Dites que j'ai des traits, des façons attrayantes,
Du maintien, de l'esprit, des talents variés,
Que je suis fraîche encore... enfin vous me voyez.
Dites, si vous voulez, que j'ai l'air d'une dame ;
Qu'en entrant, de monsieur vous me crûtes la femme...

CHARLE.

Volontiers.

MADAME ÉVRARD.

En un mot, vous avez de l'esprit ;
Et je compte sur vous.

ACTE I, SCÈNE VI.

CHARLE.
Oui, madame, il suffit.

MADAME ÉVRARD.
Vous m'entendez donc bien?

CHARLE.
Rassurez-vous, de grâce;
Je dirai... ce qu'enfin vous diriez à ma place.

MADAME ÉVRARD.
Je ne suis point ingrate, au reste; et soyez sûr
Qu'un salaire...

CHARLE.
Croyez qu'un motif bien plus pur...

MADAME ÉVRARD.
Paix!... j'aperçois monsieur.

SCÈNE VII.

M. DUBRIAGE, MADAME ÉVRARD, CHARLE.

M. DUBRIAGE.
C'est vous? bonjour, madame!

MADAME ÉVRARD, *très tendrement.*
Monsieur, je vous salue, et de toute mon âme.

CHARLE.
Votre humble serviteur.

M. DUBRIAGE.
Vous voilà, mon ami?

MADAME ÉVRARD.
Vous paroissez rêveur... Auriez-vous mal dormi?

M. DUBRIAGE.
Moi? très bien.

MADAME ÉVRARD.
Je ne sais... mais je suis clairvoyante;
Et vous aviez hier la mine plus riante.

M. DUBRIAGE.

Croyez-vous? Cependant j'ai toujours ri fort peu.

MADAME ÉVRARD.

Je m'en vais parier que c'est votre neveu
Qui cause en ce moment votre sombre tristesse ;
Avouez-le.

M. DUBRIAGE.

Il est vrai qu'il m'occupe sans cesse ;
Et même cette nuit, mes amis, j'y songeois.

MADAME ÉVRARD.

Il vous aura donné quelques nouveaux sujets?...

M. DUBRIAGE.

Non.

MADAME ÉVRARD.

Pourquoi, dans ce cas, y songez-vous encore?
Depuis plus de huit ans, l'ingrat vous déshonore :
Oubliez-le, monsieur, sachez vous égayer.

M. DUBRIAGE.

Ah ! je puis le haïr, mais jamais l'oublier.

MADAME ÉVRARD.

Laissez, encore un coup, ces plaintes éternelles.
Ne voyez plus que nous, vos serviteurs fidèles :
Ambroise, Charle et moi, dévoués et soumis,
Vous tiendrons lieu tous trois de parents et d'amis.
(*Prenant la main de M. Dubriage.*)
Mais de tous mes emplois il faut que je m'acquitte :
C'est pour songer encore à vous que je vous quitte.

M. DUBRIAGE.

Fort bien !

MADAME ÉVRARD.

Charle vous reste : il saura converser.

ACTE I, SCÈNE VII.

CHARLE.

Heureux, si je pouvois jamais vous remplacer!

MADAME ÉVRARD, *bas, à Charle.*

Songez à notre plan.

CHARLE, *bas, à madame Évrard.*

Oui, j'y songe, madame.

(*Madame Évrard sort.*)

SCÈNE VIII.

M. DUBRIAGE, CHARLE.

M. DUBRIAGE.

Cette madame Évrard est une digne femme;
Elle a bien soin de moi.

CHARLE.

Monsieur... certainement...
Mais qui n'auroit pour vous le même empressement?

M. DUBRIAGE.

Oh! je ne suis pas moins content de ton service,
Charle.

CHARLE.

Monsieur, je suis peut-être un peu novice?

M. DUBRIAGE.

Non.

CHARLE.

Le désir de plaire est si propre à former!
Et l'on sert toujours bien ceux que l'on sait aimer.

M. DUBRIAGE.

Chaque mot que tu dis, me touche, m'intéresse.

CHARLE.

Puissé-je quelque jour gagner votre tendresse!

M. DUBRIAGE.

Elle t'est bien acquise; oui... je ne sais pourquoi,
J'ai vraiment du plaisir à causer avec toi :
Ce n'est qu'avec toi seul que je suis à mon aise.

CHARLE.

Heureux qu'en moi, monsieur, quelque chose vous plaise !

M. DUBRIAGE.

Mon cœur est plein; il a besoin de s'épancher.
Autour de moi j'ai beau jeter les yeux, chercher;
Je n'ai pas un ami dans toute la nature,
Pour verser dans son sein les peines que j'endure.

CHARLE.

Les peines !... quoi, monsieur, vous en auriez ?

M. DUBRIAGE.

Hélas !
Je te parois heureux, et je ne le suis pas.

CHARLE.

Cependant...

M. DUBRIAGE.

Tu le vois, je suis seul sur la terre,
Triste...

CHARLE.

Seul, dites-vous ?

M. DUBRIAGE.

Oui, je suis solitaire.
Ah ! pourquoi, jeune encore, au moins dans l'âge mûr,
Ne faisois-je pas choix d'une femme !

CHARLE.

Il est sûr
Que, pour se préparer une heureuse vieillesse,
Il faut à ces doux nœuds consacrer sa jeunesse.

ACTE I, SCÈNE VIII.

M. DUBRIAGE.

Je le vois à présent. Je voudrois... vœux tardifs !

CHARLE, à part.

(Haut.)

Hélas !... Vous eûtes donc, monsieur, quelques motifs
Pour vous soustraire au joug de l'hymen ?

M. DUBRIAGE.

Oui, sans doute.
J'en eus, que je croyois très solides. Écoute :
J'avois dans mon commerce un jeune associé :
Par inclination il s'étoit marié :
Sa femme fit dix ans le tourment de sa vie.
Ce tableau, vu de près, me donnoit peu d'envie
D'en faire autant.

CHARLE.

Sans doute, il pouvoit faire peur.

M. DUBRIAGE.

Quand j'aurois eu l'espoir de faire un choix meilleur ;
Sous les yeux d'un ami, cette union heureuse
Auroit rendu la sienne encore plus affreuse.
Il mourut. D'un commerce entre nous partagé,
Chargé seul, à l'hymen dès lors j'ai peu songé :
Je quittai le commerce.

CHARLE.

Enfin vous étiez maître,
Libre...

M. DUBRIAGE.

En me mariant, j'aurois cessé de l'être.
L'hymen est un lien.

CHARLE.

Soit. Convenez aussi
Qu'il est doux quelquefois d'être liés ainsi :

Monsieur!.. pour se soustraire à cette servitude,
Souvent on en rencontre encore une plus rude.

M. DUBRIAGE.

Puis, sur un autre point j'eus l'esprit combattu.
Les femmes, (sans parler ici de leur vertu,
J'aime à croire qu'à tort souvent on les décrie);
Mais conviens qu'elles sont d'une coquetterie,
D'un luxe!.. Telle femme est charmante, entre nous,
Dont on seroit fâché de devenir l'époux;
Tel mari semble heureux, qui dans le fond de l'âme,
Gémit...

CHARLE.

Mais, en revanche, il est plus d'une femme
Modeste en ses désirs et simple dans ses goûts,
Qui met tout son bonheur à plaire à son époux.

M. DUBRIAGE.

Soit. En est-il beaucoup?

CHARLE.

Plus qu'on ne croit peut-être :
Moi qui vous parle, j'ai le bonheur d'en connoître.

M. DUBRIAGE.

Du ménage, mon cher, j'ai craint les embarras,
Les tracas, les soucis...

CHARLE.

Mais où n'en a-t-on pas?
Une famille au moins qui vous plaît, qui vous aime,
Vous fait presque chérir cet embarras-là même :
Au lieu qu'un alentour mercenaire, étranger,
Vous embarrasse aussi sans vous dédommager;
On a l'ennui de plus.

M. DUBRIAGE.

Voilà ce que j'éprouve;

ACTE I, SCÈNE VIII.

Et c'est précisément l'état où je me trouve :
Et, tiens, mes gens me sont fort attachés, je croi ;
Mais je les vois tous prendre un ascendant sur moi...

CHARLE.

En effet...

M. DUBRIAGE.

Jusqu'au vif, vois-tu, cela me blesse ;
Et par fois je voudrois, honteux de ma foiblesse,
Secouer un tel joug. A cet Ambroise j'ai,
Oui, j'ai cinq ou six fois déja donné congé :
Je le reprends toujours ; car, s'il a l'humeur vive,
Il est brave homme, au fond. Par fois même il m'arrive
D'avoir des démêlés avec madame Évrard,
De lui faire sentir enfin que tôt ou tard
Elle pourroit... Mais quoi, j'ai si peu de courage !
Elle baisse d'un ton, laisse passer l'orage,
Et bientôt me gouverne encor plus sûrement.

CHARLE.

Je sens cela.

M. DUBRIAGE.

Mets-toi dans ma place un moment.
Un garçon, un vieillard isolé dans le monde...
Car tu ne conçois pas ma retraite profonde :
Je n'avois qu'un neveu, qui m'eût pu consoler
Dans mes maux... et c'est lui qui vient les redoubler.

CHARLE.

Ce neveu.... pardonnez.... il est donc bien coupable ?

M. DUBRIAGE.

Lui, coupable ? il n'est rien dont il ne soit capable.
Si tu savois !... Mais non, laissons ce malheureux.

CHARLE.

Ah ! s'il vous a déplu, son sort doit être affreux.

M. DUBRIAGE.
Il rit de mes chagrins.

CHARLE.
Il riroit de vos peines ?
Il se feroit un jeu de prolonger les siennes ?
Ce jeune homme à ce point n'est pas dénaturé :
J'en puis juger par moi, dont le cœur est navré...

M. DUBRIAGE.
C'est que vous êtes bon, vous, délicat, sensible ;
Mais Armand n'a point d'âme.

CHARLE.
O ciel ! est-il possible !
Quoi ?... Cet Armand, monsieur, le connoissez-vous bien !

M. DUBRIAGE.
Trop, par ses actions. D'abord, comme un vaurien,
Il s'engage.

CHARLE.
Il eut tort ; mais ce n'est pas un crime
Qui le doive à jamais priver de votre estime.

M. DUBRIAGE.
Et dans sa garnison comment s'est-il conduit ?

CHARLE.
En êtes-vous certain ?

M. DUBRIAGE.
Je suis trop bien instruit :
Et ses lettres !...

CHARLE.
Eh bien ?

M. DUBRIAGE.
Étoient d'une insolence.
Il m'écrivoit un jour, j'en frémis quand j'y pense
Qu'il viendroit, qu'il mettroit le feu dans la maison...

ACTE I, SCÈNE VIII.

CHARLE.

Ah mon dieu! quelle horreur et quelle trahison!

M. DUBRIAGE.

Toi-même es indigné...

CHARLE, *faisant un effort pour se contenir.*

Voulez-vous bien permettre,
Monsieur? Avez-vous lu vous-même cette lettre?

M. DUBRIAGE.

Non. C'est madame Évrard : encore par pitié,
Elle me faisoit grâce au moins de la moitié.
Puis, sans parler du reste, un mariage infâme...

CHARLE.

(*Se reprenant et à part.*)

Infâme, dites-vous? Laissons venir ma femme.
(*Haut.*)
Ah! si l'on vous trompoit!....

M. DUBRIAGE.

Et qui donc?

CHARLE.

Je ne sais...
Mais quoi! je ne puis croire à de pareils excès :
Non, Armand...

M. DUBRIAGE.

Paix. Jamais ne m'en ouvrez la bouche.
(*Se radoucissant.*)
Entendez-vous? Au fond, ton zèle ardent me touche,
Mon ami, je l'avoue; il annonce un bon cœur,
On ne sauroit plaider avec plus de chaleur.

CHARLE.

Je parle pour vous-même : oui, bon comme vous êtes,
Cette colère ajoute à vos peines secrètes.

M. DUBRIAGE.

Bon Charle!

CHARLE.

Permettez que je sorte un moment,
Pour une affaire.

M. DUBRIAGE.

Oui, sors; mais reviens promptement.
(*M. Dubriage rentre chez lui.*)

SCÈNE IX.

CHARLE, *seul.*

Allons chercher ma femme : il est temps, l'heure presse;
Et plus tôt que plus tard il faut qu'elle paroisse.

(*Il sort.*)

FIN DU PREMIER ACTE.

ACTE SECOND.

SCÈNE I.

M. DUBRIAGE, *seul, un livre à la main.*

Que ce mot est bien dit ! Consolant écrivain,
D'adoucir mes ennuis tu t'efforces en vain.
« On commence à jouir, dis-tu, dès qu'on espère. »
Je jouirois aussi déja, si j'étois père ;
Mais pour un vieux garçon il n'est point d'avenir.
    (*Fermant le livre.*)
Rien ne m'amuse plus. Il faut en convenir,
Je ne me suis jamais amusé de ma vie ;
Mais aujourd'hui, surtout, je sens que je m'ennuie ;
C'est qu'il est des moments où je me trouve seul,
Et porterois, je crois, envie à mon filleul.
Cette réflexion est un peu trop tardive :
Dans l'état où je suis, il faut bien que je vive...
Ils m'abandonnent tous... je ne sais ce qu'ils font...
    (*Appelant.*)
Madame Évrard !... Ambroise !... Aucun d'eux ne répond.
Pour Charle, il est sorti sûrement pour affaires :
    (*Il s'assied.*)
Je ne saurois me plaindre, il ne me quitte guères.

SCÈNE II.

M. DUBRIAGE, GEORGE.

GEORGE, *de loin, à part.*

Ils sont sortis, entrons.

M. DUBRIAGE, *se croyant seul encore.*

Oui, j'ai moins de chagrin
Quand Charle est avec moi; nous causons.

GEORGE, *toujours de loin et à part.*

Bon parrain!
Il parle, et n'a personne, hélas! qui lui réponde :
Approchons.

M. DUBRIAGE.

C'est toi, George? Où donc est tout le monde?

GEORGE.

Tout le monde est dehors.

M. DUBRIAGE.

Madame Évrard aussi?

GEORGE.

Elle aussi : chacun a ses affaires, ici.
Et moi de leur absence, entre nous, je profite,
Pour vous faire, monsieur, ma petite visite :
Je ne vous ai point vu depuis hier au soir.

M. DUBRIAGE.

Moi j'ai, de mon côté, grand plaisir à te voir.

GEORGE.

Vous êtes tout pensif.

M. DUBRIAGE

C'est cette solitude.

GEORGE.

Vous devez en avoir contracté l'habitude.

ACTE II, SCÈNE II.

M. DUBRIAGE.

On a peine à s'y faire,... et le temps aujourd'hui
Est sombre : tout cela me donne un peu d'ennui.

GEORGE.

Vous êtes malheureux ; jamais je ne m'ennuie :
Qu'il fasse froid ou chaud, du soleil, de la pluie,
Tout cela m'est égal ; je suis toujours content.

M. DUBRIAGE.

Je le vois.

GEORGE.

Je bénis mon sort à chaque instant.
Car, si je suis joyeux, j'ai bien sujet de l'être :
D'abord, j'ai le bonheur de servir un bon maître,
Un cher parrain ; ensuite à l'emploi de portier
J'ai, comme de raison, joint un petit métier :
Une loge ne peut occuper seule un homme ;
Et puis, écoutez donc, cela double la somme.
Je fais tout doucement ma petite maison,
Et j'amasse en été pour l'arrière-saison.

M. DUBRIAGE.

C'est bien fait. D'être heureux ce George fait envie

GEORGE.

Ajoutez à cela le charme de la vie,
Une femme : la mienne est un petit trésor ;
Elle a trente ans ; je crois qu'elle embellit encor.
Point d'humeur ; elle est gaie, elle est bonne, elle est franche
Elle aime son cher George !... Oh ! j'ai bien ma revanche !
Dame, c'est qu'elle a soin du père, des enfants !...
Aussi, sans nous vanter, les marmots sont charmants.
Sans cesse autour de moi, l'on passe, l'on repasse ;
C'est un mot, un coup-d'œil ; et cela me délasse.

M. DUBRIAGE.
Mais cela te dérange.

GEORGE.
Un peu : mais le plaisir !...
Il faut bien se donner un moment de loisir :
Cela n'empêche pas que la besogne n'aille ;
Car moi, tout en riant, en causant, je travaille.[1]
Mais, quand le soir, bien tard, les travaux sont finis,
Et qu'autour de la table on est tous réunis,
(Car la petite bande, à présent, soupe à table,)
Si vous saviez, monsieur, quel plaisir délectable !
Je me dis quelquefois : « Je ne suis qu'un portier :
« Mais souvent dans la loge on rit plus qu'au premier. »

M. DUBRIAGE.
Chacun est dans ce monde heureux à sa manière.

GEORGE.
Ah ! la nôtre est la vraie, et vous ne l'êtes guère,
Heureux ! C'est votre faute aussi ; car, entre nous,
Pourquoi rester garçon ? Il ne tenoit qu'à vous,
Dans votre état, avec une grosse fortune,
De trouver une femme, et dix mille pour une.

M. DUBRIAGE.
Que veux-tu ?... j'ai toujours aimé le célibat.

GEORGE.
Célibat, dites-vous ! C'est donc là votre état ?
Triste état, si par là, comme je le soupçonne,
On entend n'aimer rien, ne tenir à personne ?
Vive le mariage ! Il faut se marier,
Riche ou non : et tenez, je m'en vais parier

---

[1] Il indique, par son geste, le métier de tailleur.

Que si quelqu'un offroit au plus pauvre des hommes
Un hôtel, un carrosse, avec de grosses sommes,
Pour qu'il vécût garçon, il diroit : « Grand merci ;
« Plutôt que d'être riche, et que de l'être ainsi,
« J'aime cent fois mieux vivre, au fond de la campagne,
« Pauvre, grattant la terre, auprès d'une compagne. »

M. DUBRIAGE.

Assez.

GEORGE.

Ce que j'en dis, c'est par pure amitié ;
C'est que vraiment, monsieur, vous me faites pitié.

M. DUBRIAGE.

Pitié, dis-tu ?

GEORGE.

Pardon, c'est qu'il est incroyable
Que moi, qui près de vous ne suis qu'un pauvre diable,
Sois plus heureux pourtant : c'est un chagrin que j'ai.

M. DUBRIAGE.

De ta compassion je te suis obligé :
Mais changeons de sujet.

(Il se lève.)

GEORGE.

Très volontiers. Encore,
Si, pour charmer, monsieur, l'ennui qui vous dévore,
Vous aviez près de vous quelque proche parent !...

M. DUBRIAGE.

Oui ! tu vois mon neveu !...

GEORGE.

Mais cela me surprend,
Et vraiment je ne puis du tout le reconnoître.

M. DUBRIAGE.

A propos, tu l'as vu long-temps ?

GEORGE.
                              Je l'ai vu naître.
Depuis, pendant dix ans, j'ai vécu près de lui.
              M. DUBRIAGE.
Mais dis, George, d'après ce qu'il est aujourd'hui,
Il devoit donc avoir un bouillant caractère?
              GEORGE.
Eh non! il étoit doux!
              M. DUBRIAGE.
            Bon!
              GEORGE.
                              A ne vous rien taire,
Moi, je ne saurois croire à ce grand changement :
Il faut qu'on l'ait...
              M. DUBRIAGE.
        Tu dis qu'il étoit doux?
              GEORGE.
                                        Charmant.
Sa mère ne pouvoit se passer de sa vue.
Hélas! son plus grand tort est de l'avoir perdue.
Un oncle lui restoit; mais il ne l'a point vu.
              M. DUBRIAGE, à part.
Hélas!
              GEORGE.
      Abandonné dès lors, au dépourvu...
              M. DUBRIAGE, voyant venir Ambroise.
Chut!

SCÈNE III.

M. DUBRIAGE, GEORGE, AMBROISE.

M. DUBRIAGE.

Qu'est-ce?

AMBROISE, *toujours d'un ton rude.*

De l'argent, monsieur, qu'on vous apporte,
Cent bons louis : tenez.

M. DUBRIAGE.

La somme n'est pas forte :
Mais enfin cet argent va me faire du bien ;
Car depuis très long-temps, je ne touchois plus rien.

AMBROISE.

Es-ce ma faute, à moi? croyez-vous que je touche?
Aucun fermier ne paye : ils ont tous à la bouche
Le mot *grêle*.

M. DUBRIAGE.

Hélas! oui.

AMBROISE.

Vous-même le premier,
Si je laisse monter par hasard un fermier,
Vous lui remettez tout.

M. DUBRIAGE.

C'est naturel, je pense.

AMBROISE.

Mais il faut cependant fournir à la dépense.
Saint-Brice avoit besoin de réparations ;
J'ai fait à Montigni des augmentations :
Aussi, de plus d'un an, vous ne toucherez guères,
Peut-être croyez-vous que je fais mes affaires ;
La vérité pourtant est que j'y mets du mien.

GEORGE, *à part.*

Bon apôtre!

AMBROISE, *à George.*

Plaît-il?

GEORGE.

Qui, moi? je ne dis rien.

AMBROISE.

Encore ici! c'est donc au premier que tu loges?
Ton assiduité mérite des éloges.

GEORGE.

J'entretenois monsieur, et voulois l'amuser:
En faveur du motif, on doit bien m'excuser.

AMBROISE.

Et ton poste?

GEORGE.

Ma femme est en bas.

AMBROISE.

Il n'importe;
Je veux t'y voir aussi; va, retourne à ta porte.

M. DUBRIAGE, *à Ambroise.*

Vous lui parlez, je crois, un peu trop rudement.

AMBROISE.

(A George.)

Chacun a sa manière. Allons, vite.

M. DUBRIAGE.

Un moment.

GEORGE.

Si monsieur me retient, je puis rester, je pense.

AMBROISE.

Tu fais le raisonneur?

GEORGE.
                    Est-ce vous faire offense
Que de venir un peu causer?
              AMBROISE.
                         Offense ou non,
Descends.
              M. DUBRIAGE.
      Vous le prenez, Ambroise, sur un ton!...
              AMBROISE.
Fort bien! Ce cher filleul, toujours on le protège.
Il a beau me manquer...
              GEORGE.
                    En quoi donc vous manqué-je?
              AMBROISE.
En désobéissant.
              GEORGE.
            Mais à qui, s'il vous plaît?
Vous n'êtes point mon maître; et c'est monsieur qui l'est.
              M. DUBRIAGE.
Eh oui! moi seul.
              AMBROISE.
      Comment?

SCÈNE IV.

M. DUBRIAGE, GEORGE, AMBROISE, MADAME ÉVRARD.

              MADAME ÉVRARD.
                    Ambroise encor s'emporte,
Je gage?
              M. DUBRIAGE.
      Oui, beaucoup trop.

AMBROISE.

        Je veux que George sorte,
Descende : il me résiste ; et monsieur le soutient.
Voilà tout uniment d'où notre débat vient.

MADAME ÉVRARD.

D'un tapage si grand comment c'est là la cause ?

M. DUBRIAGE.

Ah! je suis plus choqué du ton que de la chose.

MADAME ÉVRARD, *à M. Dubriage.*

Vous avez bien raison ; mais vous le connoissez,
Ce cher homme.... il est vif.

AMBROISE.

      Eh morbleu!...

MADAME ÉVRARD, *à Ambroise.*

            Finissez.
George est un bon enfant, et va, je le parie,
    (*A George, d'un ton d'autorité.*)
Se rendre le premier. Là, descends, je te prie.

GEORGE.

Eh oui! je descends.

MADAME ÉVRARD.

      Bon.

GEORGE, *à part, en s'en allant.*

         Oh! que j'ai de chagrin
De voir ces deux fripons maîtriser mon parrain !
          (*Il sort.*)

SCÈNE V.

M. DUBRIAGE, MADAME ÉVRARD, AMBROISE.

MADAME ÉVRARD.

Vous avez tort, Ambroise, il faut que je le dise ;
Et vous êtes brutal à force de franchise.

ACTE II, SCÈNE V.

M. DUBRIAGE, *encore ému.*
Je suis bon ; mais aussi c'est trop en abuser.
MADAME ÉVRARD, *à Ambroise.*
Sur ce point je ne puis vraiment vous excuser.
Vous êtes droit, loyal ; mais jamais, je le pense,
D'être doux et soumis cela ne nous dispense.
AMBROISE.
Eh qui vous dit, madame ?...
M. DUBRIAGE.
Il s'emporte d'abord ;
Il me tient des propos.... et devant George encor !
MADAME ÉVRARD.
Cela n'est pas croyable... Ambroise !...
AMBROISE.
Je vous jure
Que c'est dans la chaleur...
MADAME ÉVRARD.
Oh oui ! je vous assure..
AMBROISE.
Eh ! monsieur sait combien je lui suis attaché.
M. DUBRIAGE.
Je le sais ; sans quoi...
MADAME ÉVRARD.
Bon, vous n'êtes plus fâché...
Monsieur se plaît chez lui, parmi nous : il me semble
Qu'il faut le rendre heureux, vivre tous bien ensemble.
M. DUBRIAGE.
N'en parlons plus.
MADAME ÉVRARD.
Non, non, plus du tout.
(*Elle lui donne affectueusement ses gants et son chapeau.*)

M. DUBRIAGE.

Sans adieu:
Je vais au Luxembourg me promener un peu.

MADAME ÉVRARD, *de loin.*

Revenez donc bientôt, cher monsieur : il me tarde...

M. DUBRIAGE.

Oui, bientôt.

(*Il sort.*)

SCÈNE VI.

MADAME ÉVRARD, AMBROISE.

AMBROISE.

Savez-vous que si l'on n'y prend garde,
Il nous fera la loi !

MADAME ÉVRARD.

Nous sommes sans témoin ;
Ambroise, songez-y, vous allez un peu loin,
Et je crains que monsieur ne perde patience.

AMBROISE.

Je voudrois voir cela !

MADAME ÉVRARD.

Ce ton de confiance
Pourroit vous attirer quelques fâcheux éclats ;
Je vous en avertis, ne vous exposez pas.

AMBROISE.

Eh ! je n'ai pas du tout besoin qu'on m'avertisse ;
La maison sauteroit plutôt que j'en sortisse.
Un autre soin m'occupe, à ne vous rien celer ;
Et je vais cette fois nettement vous parler.
Dès long-temps je vous aime, et vous presse, madame,
De recevoir ma main, de devenir ma femme :

C'est trop long-temps aussi me jouer, m'amuser :
Il faut m'admettre enfin, ou bien me refuser.

MADAME ÉVRARD.

Mais vous pressez les gens d'une manière étrange,
Il le faut avoüer.

AMBROISE.

Je ne prends plus le change.
Tenez, madame Évrard, je vais au fait d'abord.
Je ne suis point galant : mais vous me plaisez fort.

MADAME ÉVRARD.

Monsieur Ambroise !...

AMBROISE.

Eh oui, votre air, votre figure,
Que vous dirai-je enfin ? toute votre tournure
M'enchante, me ravit. Allez, j'ai de bons yeux :
Vous êtes fraîche, et moi je ne suis pas très vieux ;
Par ma foi, nous serons le mieux du monde ensemble :
Et puis notre intérêt l'exige, ce me semble.
Ma fortune est assez ronde, vous le savez
Je ne m'informe point de ce que vous avez :
Vous ne vous êtes pas sûrement oubliée...
Allons, madame Évrard...

MADAME ÉVRARD.

Je crains d'être liée...

AMBROISE.

Eh ! plutôt craignez tout, si nous nous divisons ;
Oui : je n'ai pas besoin d'en dire les raisons.
L'un de l'autre, entre nous, nous savons des nouvelles,
Et tous deux nous pourrions en raconter de belles ;
Au lieu qu'à l'avenir, si nous ne faisons qu'un,
Nous ne craindrons plus rien de l'ennemi commun...

A propos, j'oubliois de vous dire, madame,
Que j'ai trouvé, je crois, cette seconde femme...

MADAME ÉVRARD.

Vous revenez toujours sur ce chapitre-là.
Je ne suis point d'accord, avec vous, sur cela.

AMBROISE.

Vous n'avez pas besoin de quelqu'un qui vous aide?

MADAME ÉVRARD.

Moi! point du tout.

AMBROISE.

Si fait, et puis qui vous succède?..

MADAME ÉVRARD.

Qui?..

AMBROISE.

Voulons-nous servir jusques à nos vieux jours?
Notre service est doux; mais nous servons toujours.

MADAME ÉVRARD.

Vous voyez mal, Ambroise : il vaudroit mieux peut-être
Attendre... enfin fermer les yeux de notre maître.

AMBROISE.

Mais cela peut durer encore très long-temps.
Monsieur n'a, voyez-vous, que soixante-cinq ans;
Il est temps, croyez-moi, de faire une retraite :
Et pour la faire sûre, honorable et discrète,
Il faut laisser ici des gens honnêtes, doux,
Par nous-mêmes choisis, qui dépendent de nous,
Qui soient à nous, de nous qui lui parlent sans cesse.

MADAME ÉVRARD.

S'ils alloient de monsieur captiver la tendresse?..
Enfin nous verrons.

AMBROISE.

Bon! vous remettez toujours.

ACTE II, SCÈNE VI.

MADAME ÉVRARD.

Eh! moins d'impatience.

AMBROISE.

Et vous, moins de détours;
Plus de délais : demain je veux une réponse.

MADAME ÉVRARD.
(A part, en s'en allant.)

Demain, soit. Sur mon sort si monsieur ne prononce,
Que faire? Allons, il faut le presser au plus tôt.
(Elle sort.)

AMBROISE.

A demain donc.

SCÈNE VII.

AMBROISE, *seul.*

Voilà la femme qu'il me faut.
D'abord, réunissant les deux sommes en une,
C'est un total; et puis, à quoi bon la fortune
Quand on la mange seul? Monsieur sert de leçon :
C'est une triste chose, au fait, qu'un vieux garçon!
On se marie, on a des enfants; on amasse :
Et, si l'on meurt, du moins on sait où le bien passe...
Mais que veut cette fille?.. A propos, c'est, je croi...
Déja?

SCÈNE VIII.

AMBROISE, LAURE.

AMBROISE, *d'un ton rude.*

Qu'est-ce?

LAURE, *tremblante.*

Monsieur... Ambroise?..

AMBROISE.

Eh bien ! c'est moi.

LAURE.

Peut-être en ce moment, monsieur, je vous dérange...
C'est moi.... dont vous a pu parler monsieur Lagrange....

AMBROISE.

C'est différent. J'entends, c'est vous qui souhaitez
Entrer ici ?

LAURE.

Du moins si vous le permettez.
Voulez-vous bien jeter les yeux sur cette lettre.

AMBROISE, *s'asseyant.*

Vous tremblez !

LAURE.

Moi !... pardon.

AMBROISE.

Tâchez de vous remettre..;
Voyons... « Sage, bien née et docile... » Il suffit.
(Regardant Laure très fixement.)
Votre air s'accorde assez avec ce qu'on m'écrit.

LAURE.

Vous êtes trop honnête.

AMBROISE.

On vous appelle ?

LAURE.

Laure.

AMBROISE.

Et votre âge... vingt ans ?

LAURE.

Pas tout-à-fait encore.

AMBROISE.

Bon. Avez-vous servi déja ?

ACTE II, SCÈNE VIII.

LAURE.

Qui, moi?.. jamais.
Je ne servirai point ailleurs, je vous promets.

AMBROISE.

Vous n'êtes pas, je crois, mariée?

LAURE.

A mon âge,
Sans fortune, peut-on songer au mariage?

AMBROISE.

Plus je vous interroge, et plus je m'aperçois
(Se levant.)
Que vous me convenez... Allons, je vous reçois.

LAURE.

Monsieur, c'est trop d'honneur que vous daignez me faire.

AMBROISE.

Oh! non. Je vois cela. vous ferez mon affaire.
J'en préviendrai monsieur; car il est à propos
Qu'ensemble, ce matin, nous en disions deux mots.
Mais j'en réponds. Au reste, il est bon de vous dire
Où vous êtes, comment vous devez vous conduire.

LAURE.

J'écoute.

AMBROISE.

Vous saurez que vous avez ici
Plus d'un maître à servir.

LAURE.

On me l'a dit aussi.

AMBROISE.

Moi, le premier.

LAURE.

Oh! oui.

AMBROISE.

Puis, pour la gouvernante,
Madame Évrard, soyez docile et prévenante.
Monsieur la considère, et moi j'en fais grand cas :
Servez-la bien.

LAURE.

Monsieur, je n'y manquerai pas.

AMBROISE.

Enfin, il faut avoir pour monsieur Dubriage
Les égards et les soins que l'on doit à son âge :
C'est un homme de bien, respectable d'abord,
Riche d'ailleurs, qui peut faire un jour votre sort.

LAURE.

Par un motif plus pur déjà je le révère.

AMBROISE.

C'est tout simple : surtout souvenez-vous, ma chère,
Que c'est Ambroise seul qui vous a fait entrer.

LAURE.

Je n'oublierai jamais, j'ose vous l'assurer,
Que, si dans la maison j'occupe cette place,
C'est à vos soins, monsieur, que j'en dois rendre grâce.

AMBROISE.

Pas mal. Allons, je crois que je serai content.

SCÈNE IX.

LAURE, AMBROISE, CHARLE.

CHARLE, *de loin, à part.*

L'AURA-T-IL agréée ?

AMBROISE.

Ah ! Charle, dans l'instant

J'arrête, je reçois cette jeune servante ;
Elle va soulager, servir la gouvernante,
Et dans l'occasion pourra vous seconder :
Avec elle tâchez de vous bien accorder.

CHARLE.

Oui, je l'espère.

AMBROISE, *à Laure.*

Bon. Allez payer votre hôte,
Et revenez ici dans deux heures sans faute.
Ne demandez que moi.

LAURE.

Non.

AMBROISE.

Pour quelques instants,
Je vais sortir. Allez, ne perdez point de temps ;
    (*A Charle.*)
Ni vous non plus.

CHARLE.

Oh, non ! Croyez, je vous supplie,
Que toute ma journée est assez bien remplie.

(*Ambroise sort.*)

SCÈNE X.

CHARLE, LAURE.

CHARLE.

Te voilà donc entrée ! Ah !... nous verrons un peu
S'ils feront déguerpir la nièce et le neveu !

LAURE.

Je suis tremblante encor.

CHARLE.

Rassure-toi, ma chère.
Mon oncle va te voir ; il suffit, et j'espère.

Il entendra bientôt le son de cette voix
Qui sut toucher mon cœur dès la première fois...
Ah! je voudrois déja qu'à loisir il t'eût vue!

LAURE.

Je désire à la fois et crains cette entrevue;
Cette madame Évrard, ô dieu, que je la crains!

CHARLE.

Qu'elle est fausse et méchante!

LAURE.

En ce cas, je la plains.

CHARLE.

Chère épouse! faut-il qu'à feindre de la sorte
Le destin nous réduise?

LAURE.

Eh! Charle, que m'importe?
Je serai près de toi: toi seul fais tout mon bien;
Tu me tiens lieu de tout; le reste ne m'est rien.
Mon ami, sans compter ce pénible voyage,
J'ai bien eu du chagrin depuis mon mariage;
Mais tu me consolois; nous mêlions nos douleurs:
Et ces deux ans, passés ensemble dans les pleurs,
Sont encor les moments les plus doux de ma vie.

CHARLE.

Va, mon sort, quel qu'il soit, est trop digne d'envie...

LAURE.

Mais adieu; car je crains...

CHARLE.

A peine pouvons-nous
Peindre nos sentiments.

LAURE.

Ils n'en sont que plus doux:
Adieu, Charle.

CHARLE.
Au revoir?
LAURE, *en sortant.*
Au revoir.

SCÈNE XI.

CHARLE, seul.

Quelle femme !
De l'esprit, de la grâce, avec une belle âme !
Trop heureux ! Mon pauvre oncle a ses peines aussi,
Et n'a personne, hélas ! qui le console ainsi.
Je craignois son courroux : ah ! bien loin de le craindre,
C'est lui qui de nous trois est bien le plus à plaindre...
Mais que veut George ?

SCÈNE XII.

CHARLE, GEORGE.

CHARLE.
Eh bien ?
GEORGE.
Elle vient de partir,
Sans qu'on l'ait, grâce au ciel, vue entrer ni sortir...
Mais vous ne savez pas !...
CHARLE.
Qu'as-tu donc à me dire ?
GEORGE.
Quelque chose, entre nous, qui vous fera peu rire.
J'ai là-bas cinq cousins, tous issus de germains,
Dont l'un même a déja ses papiers dans les mains :
Ils viennent par monsieur se faire reconnoître.
« Il est sorti, » leur dis-je. « Il rentrera peut-être, »

Dit l'orateur. Enfin ils ont voulu rester.
Qu'en ferai-je, monsieur?

CHARLE.

Eh mais! fais-les monter.

GEORGE.

Songez donc que de près à mon parrain ils tiennent,
Et qu'ils pourroient fort bien...

CHARLE.

Il n'importe; qu'ils viennent.

GEORGE.

Allons.

(Il sort.)

SCÈNE XIII.

CHARLE, *seul.*

Ces chers cousins, je crois, se doutent peu
Qu'ils vont être reçus ici par un neveu.
Ils approchent, fort bien; sachons encore feindre.
... Ils ne sont pas heureux : c'est à moi de les plaindre.

SCÈNE XIV.

CHARLE, LES CINQ COUSINS, *vêtus assez modestement.*

(N. B. *Il ne faut pas que leur habillement tienne de la caricature.*)

LE GRAND COUSIN, *bas, aux autres, de loin.*

Laissez-moi parler seul.

(*Haut à Charle, avec maintes révérences, que les autres imitent.*)

Nous avons bien l'honneur,
Monsieur...

ACTE II, SCÈNE XIV.

CHARLE.

C'est moi qui suis votre humble serviteur.
Vous venez pour parler à monsieur Dubriage?

LE GRAND COUSIN.

Oui, monsieur; c'est l'objet de notre long voyage;
Car nous venons d'Arras, pour le voir seulement.

CHARLE.

En vérité, j'admire un tel empressement;
Et je ne doute pas qu'à monsieur il ne plaise.

LE TROISIÈME COUSIN.

Le cousin de nous voir sera, je crois, bien aise.

CHARLE.

Le connoissez-vous?

LES QUATRE COUSINS.

Non.

LE GRAND COUSIN, *d'un air important.*

Ils ne l'ont jamais vu;
Mais mon air au cousin pourroit être connu.
Je l'allai voir alors qu'il faisoit son commerce,
En..., n'importe : il vendoit des étoffes de Perse !...
Dame aussi, le cousin est riche à millions;
Et nous sommes encor gueux comme nous étions.

CHARLE.

Êtes-vous frères, tous?

LE GRAND COUSIN.

Il ne s'en faut de guéres.
Voici mon frère, à moi : les trois autres sont frères.
Mais nous sommes cousins, tous issus de germains,
Comme il est constaté par ces titres certains,

(*Déployant ses papiers.*)

Surtout par ce tableau... Mon frère est géographe.

LE DEUXIÈME COUSIN, *avec force révérences.*
Pour vous servir : voici mon nom et mon paraphe.
(*Déroulant l'arbre généalogique, et le faisant voir à Charle.*)
Roch-Nicodème Armand (c'est notre aïeul commun,
(*Ils ôtent tous leurs chapeaux.*)
La souche), eut trois garçons ; mon grand père en est un.
Sa fille, Jeanne Armand, contracta mariage,
Comme vous pouvez voir, avec Paul Dubriage,
Le père du cousin.
CHARLE, *suivant des yeux sur l'arbre généalogique.*
Arrêtez donc un peu.
Je vois plus près, tout seul, Pierre Armand, un neveu :
Il exclut les cousins ; la chose paroît claire.
LE DEUXIÈME COUSIN, *embarrassé.*
Oui ; mais... frère, dis donc...
LE GRAND COUSIN.
Nous ne le craignons guère.
CHARLE.
Pourquoi ?
LE GRAND COUSIN.
Par le cousin il est fort détesté,
Et vraisemblablement sera déshérité.
CHARLE.
Fort bien !
LE TROISIÈME COUSIN.
Nous n'avons pas l'honneur de le connoître ;
Mais il nous gêne fort.
CHARLE.
Il auroit droit peut-être
De vous dire à son tour : « C'est vous qui me gênez,
« Et c'est ma place enfin, messieurs, que vous prenez. »

ACTE II, SCÈNE XIV.

LE GRAND COUSIN.

Bah! bah!

LE TROISIÈME COUSIN.

Cette maison, comme elle est belle et grande!
(A Charle.)
Est-elle à lui, monsieur?

LE GRAND COUSIN.

Parbleu, belle demande!
Je gage qu'il en a bien plus d'une autre encor.

LE QUATRIÈME COUSIN.

Quels meubles!

LE TROISIÈME COUSIN.

Les dedans, vous verrez, sont pleins d'or.

LE CINQUIÈME COUSIN.

De bijoux.

LE DEUXIÈME COUSIN, *d'un ton grave.*

De contrats.

LE GRAND COUSIN.

Et quand on peut se dire :
« Nous aurons tout cela », ma foi, cela fait rire.

TOUS LES COUSINS, *riant aux éclats.*

Oh! oui, rien n'est plus drôle.

CHARLE.

En effet, à présent,
Je trouve que la chose a son côté plaisant.

LE GRAND COUSIN.

Morbleu!...

CHARLE.

Paix, car on vient.

LE GRAND COUSIN.

Quelle est donc cette dame?

CHARLE, *bas, aux cousins.*

C'est une gouvernante... Entre nous, cette femme
Sur l'esprit de monsieur a beaucoup d'ascendant :
Il faut la ménager.

LE GRAND COUSIN, *bas, à Charle.*

Allez, je suis prudent,
Et sais ce qu'il faut dire à notre gouvernante.

SCÈNE XV.

CHARLE, LES CINQ COUSINS, MADAME ÉVRARD.

LE GRAND COUSIN.

Madame, nous avons...

MADAME ÉVRARD, *d'un air très inquiet.*

Je suis votre servante :
Messieurs, peut-on savoir ce que vous désirez ?

LE GRAND COUSIN.

Nous désirerions voir le cousin. Vous saurez...

LES QUATRE AUTRES COUSINS, *tous ensemble.*

Nous sommes les cousins de monsieur Dubriage.

LE GRAND COUSIN, *bas, aux autres.*

(*Haut, à madame Évrard.*)

Paix ! Nous venons d'Arras, tout exprès...

MADAME ÉVRARD.

C'est dommage.
Monsieur vient de sortir.

LE GRAND COUSIN.

C'est ce qu'on nous a dit :
Mais quoi, nous l'attendrons fort bien, sans contredit.
Le cousin va rentrer avant peu, je l'espère.

MADAME ÉVRARD.

Non : il ne rentrera que très tard, au contraire.

ACTE II, SCÈNE XV.

LE GRAND COUSIN.

Demain nous reviendrons.

MADAME ÉVRARD.

Ne venez pas demain :
Il part pour la campagne, et de très grand matin.

LES TROISIÈME ET QUATRIÈME COUSINS.

Après demain?

MADAME ÉVRARD.

Sans doute... enfin dans la semaine.
Mais, je vous en préviens, souvent il se promène.
D'ailleurs, monsieur saura que vous êtes venus ;
C'est comme si par lui vous étiez reconnus.

TOUS LES COUSINS.

Oh ! nous voulons le voir.

MADAME ÉVRARD.

Très volontiers ; lui-même
Sera ravi de voir de bons parents qu'il aime.
Au revoir donc, messieurs ; car dans ce moment-ci...

LE GRAND COUSIN.

Madame...

LE TROISIÈME COUSIN, *bas, au grand cousin.*

Je croyois qu'on dîneroit ici.

LE GRAND COUSIN, *bas, au troisième cousin.*
(*Haut, à madame Évrard.*)

Paix donc !... Nous reviendrons.

MADAME ÉVRARD.

Pardon, je vous supplie,
Si je vous laisse aller.

LE GRAND COUSIN.

Vous êtes trop polie.

CHARLE, *les reconduisant avec politesse.*
C'est à moi de fermer la porte à ces messieurs.
                              (*Il sort avec eux.*)

SCÈNE XVI.

MADAME ÉVRARD, *seule.*

Qu'ils aillent présenter leur cousinage ailleurs...
Quel malheur, si monsieur eût vu cette recrue !
   (*Prêtant l'oreille.*)
On ferme... Ah ! Dieu merci, les voilà dans la rue...
Au surplus, ces parents m'épouvantent fort peu,
Et je crains beaucoup moins dix cousins qu'un neveu...
Mais quoi ! je perds le temps en de vaines paroles.
Les enfants du portier doivent savoir leurs rôles :
Faisons-les répéter ; oui, sachons avec art
Employer des enfants pour toucher un vieillard.

FIN DU SECOND ACTE.

ACTE TROISIÈME.

SCÈNE I.

MADAME ÉVRARD, LES DEUX ENFANTS DE GEORGE.

MADAME ÉVRARD.

Bon, mes petits enfants, je suis très satisfaite.

JULIEN.

Aussi, depuis au moins deux heures je répète.

MADAME ÉVRARD.

Fort bien ! Çà, mes enfants, je m'en vais vous laisser :
Vous, dès qu'il paroîtra, vous irez l'embrasser...

TOUS DEUX.

Oui, oui.

MADAME ÉVRARD.

Comme papa, maman.

TOUS DEUX.

Ah ! tout de même.

MADAME ÉVRARD.

Appelez-le du nom de papa ; car il l'aime.

JULIEN.

C'est bien vrai : moi, toujours je l'appelle *papa*.

LA SŒUR.

Moi, *bon ami*.

MADAME ÉVRARD.

Sans doute il vous demandera

Si vous avez appris, ce matin, quelque chose,
Alors vous lui direz votre scène.

LA SOEUR.

Je n'ose.

MADAME ÉVRARD.

Tu n'oses?.. pauvre enfant !

LE FRÈRE.

Oh! moi, je ne crains rien.
Je sais par cœur mon rôle, et je le dirai bien.

MADAME ÉVRARD.

Bon, Julien. Soyez donc tous les deux bien aimables;
Et, si jusqu'à demain vous êtes raisonnables,
Vous aurez... quelque chose.

LE FRÈRE.

Oui, moi, mais pas ma sœur;
Elle a peur, elle n'ose...

LA SOEUR.

Oh! non, je n'ai plus peur.

MADAME ÉVRARD.

J'entends monsieur venir ; adieu donc, bon courage !
(A part, en s'en allant.)
Après, je reviendrai pour achever l'ouvrage.

SCÈNE II.

LES ENFANTS, M. DUBRIAGE *qui s'avance en rêvant, sans les voir.*

LA SOEUR.

Je ne pourrai jamais réciter tout cela.

LE FRÈRE.

(Bas.)
Je te soufflerai, moi. Chut, ma sœur, le voilà.

ACTE III, SCÈNE II.

LA SŒUR, *bas.*

Il ne nous voit pas.

LE FRÈRE, *bas.*

Non; il rêve.

LA SŒUR, *bas.*

Ah! que c'est drôle!

LE FRÈRE, *bas.*

Eh! paix donc!

LA SŒUR, *bas.*

On diroit qu'il répète son rôle.

(*Ils rient tous deux et se font des mines.*)

M. DUBRIAGE.

Qu'est-ce?

LE FRÈRE, *courant à lui.*

C'est nous, papa.

M. DUBRIAGE, *l'embrassant.*

C'est toi, petit Julien?

LA SŒUR, *allant aussi à M. Dubriage.*

Oui, bon ami.

M. DUBRIAGE, *l'embrassant aussi.*

Bonjour.

(*M. Dubriage s'assied.*)

LA SŒUR.

Comment ça va-t-il?

M. DUBRIAGE.

Bien.
Et vous?

LE FRÈRE.

Tu vois.

M. DUBRIAGE.

Cela se lit sur vos visages.
Dites-moi, mes enfants, êtes-vous toujours sages?

LE FRÈRE.

Oh! toujours! Ce matin, maman nous le disoit.

M. DUBRIAGE, *se tournant tour à tour vers chacun d'eux.*

Vraiment?

LA SOEUR.

Si tu savois comme elle nous baisoit!

LE FRÈRE.

Et papa? Tout exprès il quitte son ouvrage.

LA SOEUR.

Il prétend que cela lui donne du courage.

M. DUBRIAGE.

Et vous les aimez bien?

LA SOEUR.

Oui, comme nous t'aimons.

LE FRÈRE.

Papa cause la nuit, croyant que nous dormons.
Hier encor, ma sœur étoit bien endormie,
Moi pas; je l'entendois qui disoit : « Mon amie,
« Conviens que nous devons être tous deux contents,
« Et que nous avons là de bien jolis enfants?.. »
Et maman répondoit : « C'est vrai, qu'ils sont aimables. »
« Dame, c'est qu'à leur mère ils sont tous deux semblables, »
Disoit papa. « Julien, soit, répondoit maman;
« Mais Suson te ressemble, à toi; là, conviens-en. »

M. DUBRIAGE.

Fort bien, mes bons amis; comment va la mémoire?
Savez-vous ce matin une fable, une histoire?

LE FRÈRE.

Tiens, papa, ce matin encor nous répétions
Un petit dialogue, à nous deux.

ACTE III, SCENE II.

M. DUBRIAGE.
Ah! voyons.

LE FRÈRE.

Çà, commence, ma sœur.
(*Les enfants récitent chacun leur couplet comme une leçon.*)

LA SŒUR.

« Quel est le patriarche
« Qui prévit le déluge et construisit une arche?

LE FRÈRE.

« Noé, fils de Lamech, qui, comme vous savez,
« S'est échappé lui-même et nous a tous sauvés.

LA SŒUR.

« On me l'avoit bien dit. Quoi, tous tant que nous sommes!
« Comment! un homme seul a sauvé tous les hommes!

LE FRÈRE.

« Oui, sans doute; et voici comment cela s'est fait;
« Noé n'eut que trois fils, Sem, Cham et puis Japhet.
« Sem en eut cinq : chacun eut au moins une épouse,
« Dont il eut maint enfant; Jacob seul en eut douze.
« Ces enfants se sont vus pères d'enfants nombreux :
« C'est de là qu'est venu le peuple des Hébreux.

LA SŒUR.

« Ah, ah!

LE FRÈRE.

« Je n'ai parlé que de Sem : ses deux frères
« Du reste des humains ont été les grands-pères.
« Dieu dit : *Multipliez et croissez à l'envi.*
« Nul précepte jamais n'a mieux été suivi :
« Et l'on continuera sûrement de le suivre. »

M. DUBRIAGE.

Où donc avez-vous vu cela?

LE FRÈRE.

Dans un beau livre,
Dont on a fait présent à maman.

M. DUBRIAGE.

C'est assez.

LA SŒUR.

J'ai quelque chose encore à dire.

M. DUBRIAGE.

Finissez.

(*Il rêve ; et pendant ce temps-là les enfants se font des mines, et s'excitent l'un l'autre à parler à monsieur Dubriage.*)

LA SŒUR, *allant tout doucement à lui.*

Tiens, quelquefois à nous papa ne prend pas garde...

(*Elle lui caresse la joue.*)

Je fais comme cela... Puis alors il regarde,
Me voit, rit, et m'embrasse, enfin, comme cela.

(*Elle témoigne vouloir l'embrasser.*)

M. DUBRIAGE, *lui tendant les bras.*

Chère petite, viens.

LE FRÈRE.

Et moi, mon bon papa?

M. DUBRIAGE.

Viens aussi.

(*Il les tient tous deux serrés dans ses bras.*)

SCÈNE III.

M. DUBRIAGE, LES ENFANTS, MADAME ÉVRARD.

MADAME ÉVRARD, *de loin, sans être vue.*
Mes enfants s'en tirent à miracle :
(*Haut, toujours d'un
peu loin.*)
Il est temps de parler, à mon tour. Doux spectacle !
Il m'enchante ; d'honneur !

M. DUBRIAGE.
C'est vous, madame Évrard ?

MADAME ÉVRARD.
Oui, monsieur ; du tableau je prends aussi ma part.
On croiroit voir un père au sein de sa famille.

LA SŒUR, *à madame Évrard.*
J'ai fort bien dit ma scène...

MADAME ÉVRARD, *l'arrêtant.*
A merveille, ma fille !
Vous égayez monsieur : c'est bien fait, mes enfants.
Allez jouer tous deux : en restant plus long-temps,
Vous importuneriez ce bon papa peut-être ;
Allez.

LES ENFANTS, *en sortant.*
Adieu, papa.

SCÈNE IV.

M. DUBRIAGE, *assis* ; MADAME ÉVRARD.

MADAME ÉVRARD, *à part.*
Si je puis m'y connoître,
(*Haut.*)
Il est ému. Vraiment, ces enfants sont gentils.

M. DUBRIAGE.

Oui, tout-à-fait : pour moi, j'aime fort leurs babils.

MADAME ÉVRARD.

Et leurs caresses donc, naïves, enfantines !
Et puis ils ont tous deux les plus charmantes mines !...
Une grace, un sourire ; enfin je ne sais quoi...
Qui me plaît, m'attendrit.

M. DUBRIAGE.

Il me touche aussi, moi.
Qui ne les aimeroit ? cela n'est pas possible.

MADAME ÉVRARD.

Je me dis quelquefois : « Monsieur est bon, sensible :
« S'il a tant d'amitié pour les enfants d'autrui,
« Qu'il auroit donc d'amour pour des enfants à lui ! »

M. DUBRIAGE, *à demi-voix.*

Hélas !

MADAME ÉVRARD.

Cette petite est le portrait du père.

M. DUBRIAGE.

Oui vraiment ! et Julien, il ressemble à sa mère !...

MADAME ÉVRARD.

A s'y tromper. Ces gens sont-ils assez heureux,
De voir ainsi courir et sauter autour d'eux
Leurs portraits, en un mot, comme d'autres eux-mêmes !

M. DUBRIAGE.

J'y pensois : ce doit être une douceur extrême.

MADAME ÉVRARD.

Je ressemblois aussi beaucoup, je m'en souvien',
A mon père... digne homme ! il étoit assez bien...
Ayant moins de richesse, hélas ! que de naissance...
On le félicitoit sur notre ressemblance:
Aussi m'aimoit-il plus que ses autres enfants...

(*Finement.*)
Et puis il m'avoit eue à plus de soixante ans.
Je flattois son orgueil autant que sa tendresse :
Il m'appeloit souvent l'enfant de sa vieillesse.

M. DUBRIAGE.

A plus de soixante ans !

MADAME ÉVRARD.

Oui ; c'est qu'il étoit frais !..
Et même il a vécu vingt ans encore après.
Allons, vous retombez dans votre rêverie.

M. DUBRIAGE.

Il est vrai.

MADAME ÉVRARD.

Je ne sais... excusez, je vous prie...
Mais vous semblez avoir quelque chose.

M. DUBRIAGE.

Non, rien.

MADAME ÉVRARD.

Si fait : vous êtes triste, oh ! je le vois fort bien...
Au surplus, chacun a ses embarras, ses peines...
Moi qui vous parle, eh bien ! j'ai moi-même les miennes.

M. DUBRIAGE.

Qui, vous, madame Évrard?

MADAME ÉVRARD.

Sans doute.

M. DUBRIAGE.

A quel propos?

MADAME ÉVRARD.

Ambroise me tourmente : il désire, en deux mots,
Qu'avant peu, que demain, je devienne sa femme,

M. DUBRIAGE.

(*La faisant asseoir à côté de lui.*)
Ambroise, dites-vous?... Répétez donc, madame.

MADAME ÉVRARD.

Je dis qu'Ambroise m'aime et me veut épouser.
Depuis plus de deux ans, je sais le refuser.
J'élude chaque jour une nouvelle instance,
Croyant que mes délais lasseront sa constance :
Non ; loin de s'attiédir, son ardeur va croissant.
Mais aujourd'hui surtout, il devient plus pressant ;
Il insiste ; et vraiment je ne sais plus que faire.
Je viens vous demander conseil sur cette affaire.

M. DUBRIAGE.

Eh mais ! je ne sais trop quel conseil vous donner...
Car enfin ce parti n'est pas à dédaigner :
Ambroise est, après tout, un parfait honnête homme,
Homme d'honneur, de sens, excellent économe.

MADAME ÉVRARD.

Oui, vous avez raison ; et pour la probité,
Ambroise assurément sera toujours cité :
Mais il parle d'hymen ; la chose est sérieuse :
Je crains, je l'avouerai, de n'être pas heureuse.

M. DUBRIAGE.

Et pourquoi ?

MADAME ÉVRARD.

Je ne sais... tenez, c'est, qu'entre nous,
On peut être honnête homme et fort mauvais époux.
Ambroise est quelquefois d'une rudesse extrême,
Vous le savez : souvent il vous parle à vous-même,
D'un ton...!

M. DUBRIAGE.

Un peu dur, oui ; mais vous l'adoucirez :
Vous avez pour cela des moyens assurés.

MADAME ÉVRARD.

Quelle tâche ! j'en suis d'avance intimidée...
Puis... j'avois de l'hymen une tout autre idée :
Car j'étois faite, moi, pour un lien si doux ;
Et..., sans l'attachement, monsieur, que j'ai pour vous,
A coup sûr, je serois déja remariée.
Dans mon premier hymen je fus contrariée ;
Et, lorsque l'on m'unit au bon monsieur Évrard,
A mon penchant peut-être on eut trop peu d'égard.
A prendre un tel époux bien qu'on m'eût su contraindre,
Vous savez cependant s'il eut lieu de se plaindre,
Si je manquai pour lui de soins, d'attention !...

M. DUBRIAGE.

On vous eût crus unis par inclination.

MADAME ÉVRARD.

Eh bien ! en pareil cas, si je fus complaisante,
Jugez, monsieur, combien je serois douce, aimante,
Si j'avois un mari qui fût... là... de mon choix,
Dont l'humeur me convînt, en un mot !

M. DUBRIAGE.

                              Je le crois.

MADAME ÉVRARD.

Et je ne parle pas d'un mari vain, volage...
Je n'aurois point voulu d'un jeune homme ; à cet âge,
On ne sait pas aimer.

M. DUBRIAGE.

                    Je l'ai toujours pensé :
Ce que vous dites là, madame, est très sensé.

MADAME ÉVRARD.

Pour mieux dire, tenez, monsieur, je le confesse,
Pourvu qu'il eût passé la première jeunesse,

Peu m'importe quel âge auroit eu mon époux :
Je parle sans détour ; car enfin, entre nous,
En me remariant, moi, s'il faut vous le dire,
Un, deux enfants, voilà tout ce que je désire...
Il me semble déja que j'ai là sous les yeux,
Que je vois mes enfants, le père au milieu d'eux,
Souriant à nous trois, allant de l'un à l'autre...
Oh ! quel ravissement seroit alors le nôtre !

(*Se reprenant.*)

J'entends le mien, celui du mari que j'aurois ;
Je parle en général, je n'ai point de regrets :
Auprès de vous mon sort est trop digne d'envie ;
Le ciel m'en est témoin, j'y veux passer ma vie :
Nul motif, nul pouvoir ne peut m'en arracher.

M. DUBRIAGE.

Qu'un tel attachement est fait pour me toucher !

MADAME ÉVRARD.

Vous devez voir pour vous jusqu'où va ma tendresse,
Comme, au moindre signal, je vole, je m'empresse ;
Comme je mets au rang des plaisirs les plus doux,
Celui de vous servir, d'avoir bien soin de vous.
Ce n'est point l'intérêt, le devoir qui me mène ;
C'est l'amitié, le cœur : cela se voit sans peine...
Enfin, sur le motif qui me faisoit agir
On s'est mépris... au point de me faire rougir.
Oui, monsieur, pour jamais, s'il faut que je le dise,
La médisance ici peut m'avoir compromise :
Je ne suis pas encor d'âge à la désarmer.
On me soupçonne enfin...

M. DUBRIAGE.
  De quoi?

ACTE III, SCÈNE IV.

MADAME ÉVRARD.

De vous aimer,
De vous plaire... je dis d'avoir touché votre âme.
Charle, en entrant, a cru que j'étois votre femme.
Mon amitié pour vous me fait tout supporter :
C'est un plaisir de plus, et j'aime à le goûter...
Mais je vous le demande, avec un cœur sensible,
Puis-je épouser ?...

M. DUBRIAGE.

Non, non ! cela n'est pas possible;
Ambroise, je le sens, est indigne de vous;
Le ciel ne l'a point fait pour être votre époux.

MADAME ÉVRARD.

Le croyez-vous ?

M. DUBRIAGE.

Oh, oui !

MADAME ÉVRARD.

Peut-être je me flatte,
Et peut-être ai-je l'âme un peu trop délicate :
Lorsqu'en moi je descends, je ne sais... je me crois
Digne d'un meilleur sort. L'état où je me vois,
M'humilie... Ah ! j'ai tort... mais malgré moi j'en pleure.

M. DUBRIAGE, *plus ému.*

Chère madame Évrard !... chaque jour, à toute heure,
Oui, je découvre en vous, et je m'en sens frappé
Mille dons enchanteurs qui m'avoient échappé.
Votre aimable entretien me touche, m'intéresse.

MADAME ÉVRARD.

Qu'est-ce qu'un entretien, de grâce?.. Ah ! que seroit-ce ?
Si je pouvois, un jour, donner à mes transports
Un libre cours, monsieur ! J'ose le dire : alors,

Combien de qualités vous pourriez reconnoître,
Que ma position empêche de paroître !

M. DUBRIAGE.

Ah ! je les entrevois, et je devine assez
Tout ce que j'ai perdu... Mais vous me ravissez...
Ai-je pu jusqu'ici négliger tant de charmes ?

MADAME ÉVRARD.

Si vous saviez combien j'ai dévoré de larmes !
Combien j'ai soupiré, combattu cette ardeur
Qui me tourmente ! Hélas ! la crainte, la pudeur...

M. DUBRIAGE, *se levant, et hors de lui.*

Je n'y puis plus tenir : toute votre personne
Me charme... C'en est fait...

(*On sonne.*)

MADAME ÉVRARD, *laissant échapper un cri.*

Ah, ciel !

M. DUBRIAGE.

Je crois qu'on sonne.

MADAME ÉVRARD.

Eh bien donc, vous disiez ?... Achevez en deux mots.

M. DUBRIAGE.

C'est Ambroise.

MADAME ÉVRARD, *à part.*

Bon dieu, qu'il vient mal à propos !

SCÈNE V.

M. DUBRIAGE, MADAME ÉVRARD, AMBROISE, LAURE.

M. DUBRIAGE, *à Ambroise.*

Eh bien, qu'est-ce ?...

AMBROISE.

Monsieur, c'est une jeune fille,

Sage, laborieuse et d'honnête famille,
Qu'en ce moment je viens vous présenter...

MADAME ÉVRARD.

Pourquoi?

AMBROISE.

Mais.... pour vous soulager, madame Évrard.

MADAME ÉVRARD.

Qui, moi?
Oh! je n'ai pas du tout besoin qu'on me soulage;
On ne craint point encor le travail à mon âge.

M. DUBRIAGE.

Oui, sans doute.... je crois qu'on peut se dispenser
De prendre cette fille.

AMBROISE.

On ne peut s'en passer;
Et dans cette maison, quoi qu'en dise madame,
Il faut absolument une seconde femme,
Pour plus d'une raison. Sans être fort âgés,
Tous deux avons besoin d'être un peu ménagés.
Madame Évrard, qui parle, en étoit prévenue.

MADAME ÉVRARD.

Moi! jamais de ce point je ne suis convenue:
Je vous ai toujours dit: « Attendons, il faut voir. »
Savois-je, par hasard, qu'elle viendroit ce soir?

AMBROISE.

Comment l'aurois-je dit? je l'ignorois moi-même.
La Grange m'a servi d'une vitesse extrême...
Mais qu'elle soit venue un peu plus tôt, plus tard;
(A M. Dubriage.)
La voici. Vous aurez, j'espère, quelque égard,
Monsieur, pour un sujet qu'en ce logis j'arrête.
Quant à madame Évrard, je la crois trop honnête,

(En regardant fixement madame Évrard.)
Pour me contrarier en cette occasion.
Si d'avance elle eût fait un peu réflexion...

MADAME ÉVRARD.

Allons, puisqu'à vos vœux il faut toujours souscrire,
Pour l'amour de la paix, j'aime mieux ne rien dire.
(A M. Dubriage.)
Ainsi, monsieur, voyez...

M. DUBRIAGE.

En effet, je ne vois
Nul inconvénient.... Allons, je la reçois.
(A part.)
Je dois quelques égards à l'un ainsi qu'à l'autre.
(Haut.)
C'est mon affaire, au fond, beaucoup moins que la **vôtre**.
Elle est pour vous aider plus que pour me servir.
Je crois qu'elle vous peut seconder à ravir.

AMBROISE, *à Laure.*

Remerciez monsieur.

LAURE.

Ah! de toute mon âme.

AMBROISE.

Remerciez aussi madame Évrard.

LAURE.

Madame...

MADAME ÉVRARD.

Je vous dispense, moi, de tout remercîment.

M. DUBRIAGE.

Cette fille paroît assez bien.

MADAME ÉVRARD.

Ah! vraiment,
Dès qu'Ambroise la donne!...

M. DUBRIAGE.

Allons, allons, ma chère...
Instruisez-la tous deux de ce qu'elle doit faire;
(*A part, à lui-même.*)
Et vivons en repos. Je suis tout hors de moi...
Cette madame Évrard!... en vérité, je croi...
(*Il sort en regardant avec intérêt madame Évrard, qui feint de n'y pas prendre garde* [1].)

SCÈNE VI.

AMBROISE, MADAME ÉVRARD, LAURE.

AMBROISE.
Eh mais! vit-on jamais refus aussi bizarre!
Je suis fort mécontent, et je vous le déclare.

MADAME ÉVRARD.
(*A Ambroise.*)   (*A Laure.*)
Paix donc!... Un peu plus loin.

LAURE, *à part, en s'éloignant.*

Allons, résignons-nous.

MADAME ÉVRARD, *à Ambroise.*
Eh! j'ai bien plus le droit de me plaindre de vous.
Quelle obstination!

---

[1] Je désire que l'acteur chargé du rôle de Dubriage, se renferme exactement dans les termes de la note ci-dessus. Tout ce qui va au-delà est exagéré, et j'ose le dire, hors de toute convenance. (*Note de l'Auteur.*)

SCÈNE VII.

CHARLE, AMBROISE, MADAME ÉVRARD, LAURE.

CHARLE, *de loin, à part.*

Je veux savoir l'issue...

AMBROISE, *à Charle.*

Que voulez-vous?

CHARLE, *embarrassé.*

Je viens... je viens...

LAURE, *bas, à Charle.*

Je suis reçue.

CHARLE, *bas.*

Bon.

AMBROISE.

Vous venez... pourquoi?

CHARLE.

J'ai cru qu'on m'appeloit.

AMBROISE.

Vous vous êtes trompé.

CHARLE.

Pardonnez, s'il vous plaît : je me retire.

MADAME ÉVRARD.

Au fond, ceci prouve son zèle.
(*A Charle.*)
Retournez vers monsieur, en serviteur fidèle.

CHARLE.

J'y vais.

MADAME ÉVRARD, *de loin.*

N'oubliez pas ce que je vous ai dit.

CHARLE.

Non, madame.
(Bas, à Laure, au fond du théâtre.)
Courage!

Il sort.)

SCÈNE VIII.

MADAME ÉVRARD, AMBROISE, LAURE *toujours au fond.*

MADAME ÉVRARD.

Il est tout interdit.

AMBROISE.

Refuser un sujet que j'offre!

MADAME ÉVRARD.

Belle excuse!
Proposer à monsieur des gens que je refuse!
Je vous avois prié d'attendre.

AMBROISE.

Quel discours!
En cela, comme en tout, vous remettez toujours.
Je ne veux plus attendre.

LAURE, *de loin, à part.*

O ciel! est-il possible!
Ma situation est-elle assez pénible!

MADAME ÉVRARD.

Par trop d'empressement vous allez tout gâter

AMBROISE.

Vous allez réussir à m'impatienter.

MADAME ÉVRARD.

N'en parlons plus.—

LE VIEUX CÉLIBATAIRE.

AMBROISE.

Je sors ; j'ai mainte chose à faire.
Il faut que j'aille voir des marchands, le notaire,
Demander de l'argent.... Que sais-je?.. Oh! quel ennui!
Quoi! s'occuper toujours des affaires d'autrui!

MADAME ÉVRARD.

Eh! vous vous occupez en même temps des vôtres.

AMBROISE.

Rien n'est plus naturel... Mais dites donc *des nôtres*.

MADAME ÉVRARD.

Des nôtres, soit.

AMBROISE.

(*A Laure.*) (*A part.*)
Je sors... Allons, j'ai réussi ;
J'ai si bien fait, qu'enfin cette fille est ici.

(*Il sort.*)

SCÈNE IX.

MADAME ÉVRARD, LAURE.

MADAME ÉVRARD, *à part.*

Oh! qu'elle me déplaît! jeune et jolie encore!..
(*Haut, d'un ton sec.*)
Eh bien! vous dites donc que vous vous nommez?..

LAURE.

Laure.

MADAME ÉVRARD.

Ah!.. quel âge avez-vous?

LAURE.

Pas encor vingt ans.

MADAME ÉVRARD.

Non?
C'est dommage. Eh! trop jeune... oui, beaucoup trop.

ACTE III, SCENE IX.

LAURE.

Pardon.
Ce n'est pas ma faute...

MADAME ÉVRARD.

Ah! c'est la mienne.

LAURE.

Madame,
Je ne dis pas cela.

MADAME ÉVRARD.

Qu'êtes-vous? fille, femme?
Dites.

LAURE.

Qui, moi! jamais je ne me marierai.

MADAME ÉVRARD.

Et vous ferez fort bien. Je dois savoir bon gré
A cet Ambroise! Il vient, sans m'avoir prévenue,
Nous amener ici d'emblée une inconnue.

LAURE.

Je me ferai connoître.

MADAME ÉVRARD.

Il sera temps alors.
Vous pourriez bien avant être mise dehors.

LAURE.

J'ose espérer que non.

MADAME ÉVRARD.

Tenez, c'est que peut-être
Ambroise avec vous seule a pu faire le maître;
Mais il vous a trompée, à coup sûr, en ceci,
S'il ne vous a pas dit que je commande ici.

LAURE.

Je sais trop qu'en ces lieux vous êtes la maîtresse.

Théâtre Com. en vers

MADAME ÉVRARD.
Pourquoi n'est-ce donc pas à moi qu'on vous adresse ?
Mais je verrai bientôt si vous me convenez :
Car enfin c'est à moi que vous appartenez,
Et vous êtes vraiment entrée à mon service.

LAURE.
Soit.

MADAME ÉVRARD.
Jamais au premier ; tenez-vous à l'office.

LAURE.
J'entends.

MADAME ÉVRARD.
Ne faites rien sans ma permission.

LAURE.
Jamais.

MADAME ÉVRARD.
Si l'on vous donne une commission,
Instruisez-m'en toujours avant que de la faire.

LAURE.
Toujours.

MADAME ÉVRARD.
Que m'obéir soit votre unique affaire.
Allez m'attendre en bas.

LAURE.
Hélas !

MADAME ÉVRARD.
Que dites-vous ?

LAURE.
J'y vais.

MADAME ÉVRARD.
Vous raisonnez !.. Sortez.

(*Laure sort.*)

SCÈNE X.

MADAME ÉVRARD, *seule*.

Elle a l'air doux
Et semble assez docile... Eh ! qui peut s'y connoître ?
La peste soit d'Ambroise ! Il fait ici le maître,
Et cependant il faut encor le ménager.
Patience ! avant peu, tout cela va changer.
Si j'épouse une fois monsieur, me voilà forte :
Une heure après l'hymen, ils sont tous à la porte.

FIN DU TROISIÈME ACTE.

ACTE QUATRIÈME.

SCÈNE I.

M. DUBRIAGE, *seul, s'avance en rêvant.*

Cet entretien toujours me revient à l'esprit :
Je ferois bien, je crois... oui, cet hymen me rit.
Cette madame Évrard est tout-à-fait aimable ;
Elle est très fraîche encor ; sa taille est agréable :
Elle a les yeux fort beaux ; et ses soins caressants,
Tendres, réchaufferoient l'hiver de mes vieux ans.
Elle est d'ailleurs honnête et douce comme un ange...
Mais mon neveu ?.. Ma foi, que mon neveu s'arrange.
Faudra-t-il consulter ses neveux ? Après tout,
Je puis l'abandonner, quand il me pousse à bout.
    (*Rêvant de nouveau.*)
C'est qu'il est marié ; bientôt il sera père,
Et ses nombreux enfants seront dans la misère...
C'est sa faute : pourquoi s'être ainsi marié ?
D'ailleurs, par mon hymen sera-t-il dépouillé ?
Je puis faire à ma femme un honnête avantage...
Mais, à l'âge que j'ai, songer au mariage !
Dieu sait comme chacun va rire à mes dépens !
Que résoudre ? Je suis indécis, en suspens...
Voici Charle ; à propos le hasard me l'amène.

SCÈNE II.

M. DUBRIAGE, CHARLE.

M. DUBRIAGE.

Un mot, Charle.

CHARLE.

J'accours.

M. DUBRIAGE.

Tu me vois dans la peine.

CHARLE.

Vous, monsieur?

M. DUBRIAGE.

Oui, je suis dans un grand embarras,
Sur un point... qu'à coup sûr tu ne devines pas.

CHARLE.

Lequel?

M. DUBRIAGE.

Moi qui jamais n'ai voulu prendre femme,
Croirois-tu qu'à présent, dans le fond de mon âme,
J'aurois quelque penchant à former ce lien?

CHARLE.

Pourquoi pas? Je crois, moi, que vous ferez fort bien.

M. DUBRIAGE.

Vraiment?

CHARLE.

Oui. Quoi de plus naturel, je vous prie,
Que de vous attacher une femme chérie,
Qui partage vos goûts, vos plaisirs, vos secrets?
Si cet hymen étoit l'objet de vos regrets,
Monsieur, que votre cœur enfin se satisfasse.

M. DUBRIAGE.

Tu ne me blâmes point?

CHARLE.

Eh, pourquoi donc, de grâce ?
Je ne désire, moi, que de vous voir heureux.

M. DUBRIAGE.

Bon Charle !... En vérité, je suis... presque amoureux ;
Non d'une jeune enfant, mais d'une femme faite,
Aimable encor pourtant, à mille égards parfaite,
Une compagne enfin, avec qui de mes jours
Tranquillement, vois-tu, j'achèverai le cours ;
Madame Évrard...

CHARLE.

Eh quoi, madame Ev....!

M. DUBRIAGE.

Elle-même.
Eh, d'où vient donc, mon cher, cette surprise extrême ?

CHARLE.

Ma surprise ?

M. DUBRIAGE.

Oui ; j'ai vu ton soudain mouvement :
Tu m'as paru saisi d'un grand étonnement.
A ton avis, j'ai tort de l'épouser peut-être ?

CHARLE.

Monsieur... assurément... vous en êtes le maître.

M. DUBRIAGE.

Non ; tu viens de piquer ma curiosité :
Explique-toi.

CHARLE.

Qui, moi ?

M. DUBRIAGE.

Toi-même.

CHARLE.

En vérité,

Monsieur, tant de bonté ne sert qu'à me confondre :
Dans la place où je suis, je ne puis vous répondre.

M. DUBRIAGE.

Tu blâmes cet hymen ; oh ! oui, je le vois bien :
Tu veux dire par-là...

CHARLE.

Monsieur, je ne dis rien.

M. DUBRIAGE.

On en dit quelquefois beaucoup plus qu'on ne pense :
Ainsi de t'expliquer, Charle, je te dispense ;
Car, moi-même, aussi-bien je m'étois déja dit
Ce que tu me voudrois faire entendre. Il suffit :
N'en parlons plus. Tu peux me rendre un bon office.

CHARLE.

Trop heureux, monsieur ! Charle est à votre service ;
Vous n'avez qu'à parler.

M. DUBRIAGE.

Je songe à ce neveu,
Ou plutôt à sa femme : et, je t'en fais l'aveu,
Son sort me touche : elle est peut-être sans ressource.
Je n'ai que cent louis, comptés dans cette bourse :
Je voudrois, s'il se peut, les lui faire passer.
Ils habitent Colmar. Comment les adresser ?
Car, en tout ceci, moi, je ne veux point paroître.
Toi, Charle, par hasard, si tu pouvois connoître
A Colmar...

CHARLE.

J'y connois quelqu'un, précisément.

M. DUBRIAGE.

Cet ami pourra-t-il trouver la femme Armand ?
Elle est si peu connue !

CHARLE.
Il le pourra, je pense.

M. DUBRIAGE.
Tiens, prends.

CHARLE.
Mais non : plutôt que de prendre d'avance,
Il vaut mieux m'informer de tout ceci, je croi :
Alors...

M. DUBRIAGE.
Soit. J'ai bien fait de m'adresser à toi.

CHARLE.
Oui.

M. DUBRIAGE.
Du fils de ma sœur, après tout, c'est la femme.
Lui-même je l'ai plaint dans le fond de mon âme :
Je le traite encor mieux qu'il ne l'eût mérité.
Je l'aurois mille fois déjà déshérité,
Si j'eusse voulu croire à certaines personnes...
Que, sans te les nommer, peut-être tu soupçonnes.

CHARLE.
Oui, je crois...

M. DUBRIAGE.
Mais, malgré mes griefs contre Armand,
Je répugnai toujours à faire un testament :
Que l'on donne ses biens, soit ; alors on s'en prive :
Mais être généreux lorsque la mort arrive !...
On ouvre un testament ; ces premiers mots sont lus :
« Je veux... » On dit encor *je veux*, quand on n'est plus !
Ma fortune, dit-on, est le fruit de mes peines...
Mais ces peines... que sais-je ?... eussent été bien vaines,
Si mon oncle, en mourant, ne m'eût laissé ses biens.
A mon neveu de même il faut laisser les miens :

Qu'il les recueille donc ; et puis, s'il en abuse,
Tant pis pour lui : mais moi je serois sans excuse,
Si j'allois l'en priver. Vivant, je l'ai puni ;
C'en est assez : je meurs ; mon courroux est fini.
N'est-ce pas ?

CHARLE.

Moi, monsieur, sur une telle affaire
Je ne puis, je le sens, qu'écouter et me taire.

M. DUBRIAGE.

Ah çà, tu promets donc de faire comme il faut
Cette commission ?

CHARLE.

Oui, monsieur, et plus tôt
Que vous ne pouvez croire : et même je vous quitte,
Afin de m'en aller occuper tout de suite.

M. DUBRIAGE.

Bon enfant !

(*Charle sort.*)

SCÈNE III.

M. DUBRIAGE, LAURE.

M. DUBRIAGE, *seul.*

CE garçon soulage mes ennuis :
C'est un besoin pour moi dans l'état où je suis.

LAURE, *de loin, à part, amenée par Charle qui se retire.*

Je tremble à son aspect... Dieu ! fais que je lui plaise.
(*Haut, en s'avançant.*)
Monsieur...

M. DUBRIAGE.

Ah ! mon enfant, c'est vous ? j'en suis bien aise...
Je ne suis pas fâché de causer avec vous.

LAURE.

Moi-même j'épiois un moment aussi doux.
Il est bien naturel que l'on cherche son maître,
Pour le voir, lui parler, se faire enfin connoître.

M. DUBRIAGE.

Vous ne pouvez, je crois, qu'y gagner.

LAURE.

Ah ! monsieur...

M. DUBRIAGE.

Non, c'est que vous avez le ton de la candeur,
L'air sage...

LAURE.

Ce n'est pas vertu chez une femme ;
C'est devoir.

M. DUBRIAGE.

Il est vrai : j'aime à vous voir dans l'âme
Ces principes d'honneur, cette élévation.

LAURE.

C'est l'heureux fruit, monsieur, de l'éducation :
Je le garde avec soin ; c'est mon seul héritage.

M. DUBRIAGE.

Oui, c'est un vrai trésor qu'un pareil avantage :
Vous devez donc le jour à d'honnêtes parents ?

LAURE.

Honnêtes, oui, monsieur ; mais non pas dans le sens
Que lui donnoit l'orgueil ; dans le sens véritable.
Mes père et mère étoient un couple respectable,
Placé dans cette classe où l'homme dédaigné
Mange à peine un pain noir de ses sueurs baigné ;
Où, privé trop souvent d'un bien mince salaire,
Un ouvrier utile est nommé *mercenaire*,

ACTE IV, SCÈNE III.

Quand on devroit bénir ses travaux bienfaisants:
Mes parents, en un mot, étoient des artisans.

M. DUBRIAGE.

Artisans! croyez-vous qu'un riche oisif les vaille?
Le plus homme de bien est celui qui travaille.
Poursuivez.

LAURE.

Chaque soir, aux heures de loisirs,
A me former le cœur ils mettoient leurs plaisirs.
Leurs préceptes étoient simples comme leur âme.
« Crains Dieu, sers ton prochain, et sois honnête femme. »
C'étoient là leurs seuls mots, qu'ils répétoient toujours.
Leur exemple parloit bien mieux que leurs discours.
Ils sembloient pressentir, hélas! leur fin prochaine.
Depuis qu'ils ne sont plus, j'ai bien eu de la peine;
Mais j'ai toujours trouvé dans l'occupation
Subsistance à la fois et consolation.

M. DUBRIAGE.

Je vois que vos parents vous ont bien élevée.
Quoi! de tous deux déja vous êtes donc privée?

LAURE.

Un cruel accident tout à coup m'a ravi
Mon père, et de bien près ma mère l'a suivi.

M. DUBRIAGE.

Perdre ainsi ses parents, de tels parents encore...!
Car, sans les avoir vus, tous deux je les honore....
Ma fille, je vous plains.

LAURE.

Quel excès de bonté,
Monsieur! Le ciel pourtant ne m'a pas tout ôté:
Il me reste un ami, mais un ami solide,
Qui m'a jusqu'à Paris daigné servir de guide.

M. DUBRIAGE.

Vous êtes de province ?

LAURE.

Oui, de bien loin : aussi
J'ai mis dix jours entiers pour venir jusqu'ici.

(On entend une voix du dehors, appelant.)

« Laure ! Laure ! »

LAURE.

Je crois qu'on m'appelle.

M. DUBRIAGE.

N'importe.
Pour vous expatrier, mon enfant, de la sorte,
Sans doute vous aviez un motif, un objet ?

LAURE.

Oh, oui, monsieur ! voici quel en est le sujet :
L'ami dont je parlois, le seul que j'aie au monde,
Et sur qui désormais tout mon bonheur se fonde,
A dans la capitale un très proche parent ;
Il m'en parloit sans cesse, et toujours en pleurant :
« Oui, me dit-il un jour, vous êtes vertueuse,
« Jeune, douce, surtout vous êtes malheureuse ;
« Il doit vous secourir, et je vous le promets. »
Je le crus : mon ami ne me trompa jamais.
Je partis avec lui, croyant suivre mon frère,
Regrettant peu des lieux où n'étoit plus ma mère.
Après dix jours de marche, enfin nous arrivons.

M. DUBRIAGE.

Eh bien ?

LAURE.

Mais quel accueil, ô ciel, nous éprouvons !

M. DUBRIAGE.

Il vous auroit reçue avec indifférence ?

ACTE IV, SCENE III.

LAURE.

Ah! monsieur, nous aurions encor quelque espérance,
S'il avoit seulement voulu nous recevoir.

M. DUBRIAGE.

Quoi! ce proche parent?...

LAURE.

N'a pas daigné nous voir.

M. DUBRIAGE.

Que dites-vous? cet homme a donc un cœur de roche!...

LAURE.

Ce n'est pas le moment de lui faire un reproche.
Non, il n'est point cruel; il est humain et bon;
Et sans des étrangers maîtres de la maison...,

M. DUBRIAGE.

Il est bon, dites-vous? Eh! c'est foiblesse pure!
Rien doit-il, rien peut-il étouffer la nature?
Je veux voir ce parent; ensemble nous irons :
Cet homme est inflexible, ou nous l'attendrirons.

LAURE.

Ah! monsieur, je commence à le croire possible :
Je me flatte, en effet, qu'il n'est point insensible;
Et, fût-il contre nous encore plus aigri,
Oui, nous l'attendrirons : je vous vois attendri !

M. DUBRIAGE, *voyant venir madame Évrard.*

Chut!

SCÈNE IV.

M. DUBRIAGE, LAURE, MADAME ÉVRARD.

MADAME ÉVRARD, *de loin, à part.*

Encor là !

M. DUBRIAGE, *un peu embarrassé, à madame Évrard.*

C'est vous ! quel sujet vous amène, Madame ?

MADAME ÉVRARD.

Je le vois, ma présence vous gêne.

M. DUBRIAGE.

Comment ?

MADAME ÉVRARD.

Que sais-je enfin...? Mais c'est moi qui pourrois
Vous demander quels sont les importants secrets
Que vous confie encore ici mademoiselle.
Depuis une heure au moins, vous causez avec elle ;
Et ces mystères-là me surprennent un peu.

M. DUBRIAGE, *d'un ton foible.*

Pourquoi, madame Évrard ? Eh ! oui, j'en fais l'aveu,
J'aime à l'entretenir ; ne suis-je pas le maître ?...
Et puis, j'étois bien aise enfin de la connoître :
Je ne m'en repens pas.

MADAME ÉVRARD.

Oui, je vois que d'abord
Sa conversation vous intéresse fort.

M. DUBRIAGE.

J'en conviens ; et vraiment vous en seriez surprise.

MADAME ÉVRARD.

Fort bien ; mais ce n'est pas pour causer qu'on l'a prise.

ACTE IV, SCÈNE IV.

M. DUBRIAGE.

Soit. Elle me parloit de l'éducation....

MADAME ÉVRARD.

Allons ! c'est bien cela dont il est question !

(A Laure.)

Descendez à l'instant.

LAURE.

Que faut-il que je fasse ?

MADAME ÉVRARD.

Marthe va vous le dire. Allez donc.

(Laure sort.)

SCÈNE V.

M. DUBRIAGE, MADAME ÉVRARD.

M. DUBRIAGE.

Ah ! de grâce,
Parlez-lui doucement : elle est timide.

MADAME ÉVRARD.

Ion !

M. DUBRIAGE.

Elle paroît sensible.

MADAME ÉVRARD.

Eh ! qui vous dit que non ?...

(Se radoucissant.)

D'ailleurs, à votre avis, suis-je donc si méchante ?

M. DUBRIAGE.

Non..., mais c'est que vraiment elle est intéressante ;
Elle a...

MADAME ÉVRARD.

De la douceur peut-être, j'en conviens...
Mais rappelons, monsieur, cet aimable entretien,
Ces mots charmants qu'alloit exprimer votre bouche..

M. DUBRIAGE.

Ce n'est pas seulement sa douceur qui me touche ;
C'est qu'elle a de la grâce, un choix de termes purs,
Surtout de la sagesse et des principes sûrs.

MADAME ÉVRARD.

Oui, je le crois... Tantôt, ou je me suis trompée,
Ou d'un grand mouvement votre âme étoit frappée.

M. DUBRIAGE.

Cette fille a vraiment un mérite accompli.

MADAME ÉVRARD.

Vous ne parlez que d'elle, et semblez tout rempli...
Un moment vous a-t-il fait perdre la mémoire
Des discours de tantôt ?

M. DUBRIAGE.

Non : pourriez-vous le croire ?...
Je vous suis attaché... Mais quoi ! les mots touchants
De cette enfant...

MADAME ÉVRARD.

Encor ! c'est se moquer des gens.

M. DUBRIAGE.

Vous avez de l'humeur.

MADAME ÉVRARD.

Oui, je m'impatiente
De voir que vous parlez toujours d'une servante.

M. DUBRIAGE.

C'est qu'elle est au dessus vraiment de son état ;
Elle a je ne sais quoi de doux, de délicat...

MADAME ÉVRARD.

Oh, c'en est trop ! S'il faut dire ce que j'en pense,
Cette fille me blesse et me déplaît d'avance.

M. DUBRIAGE.

Eh pourquoi ?

ACTE IV, SCÈNE V.

MADAME ÉVRARD.

Je ne sais.... mais elle me déplaît;
Je vous dis nettement la chose comme elle est.
Elle n'est bonne à rien, d'ailleurs, à rien qui vaille;
Et je crois qu'il vaut mieux d'abord qu'elle s'en aille.

M. DUBRIAGE.

Qu'elle s'en aille! Qui, Laure?

MADAME ÉVRARD.

Oui.

M. DUBRIAGE.

Vous plaisantez!

MADAME ÉVRARD.

Moi! point du tout.

M. DUBRIAGE.

Comment!...

MADAME ÉVRARD.

Ainsi vous hésitez,
Et vous me préférez la première venue,
Qu'à peine, en ce moment, vous connoissez de vue!

M. DUBRIAGE.

Non. Mais quoi! je ne puis chasser ainsi...

MADAME ÉVRARD.

Fort bien!
C'est votre dernier mot?... Et moi, voici le mien :
Il faut que sur-le-champ l'une de nous deux sorte.

M. DUBRIAGE.

Eh quoi! pouvez-vous bien me parler de la sorte?

MADAME ÉVRARD.

Vous-même entre nous deux pouvez-vous balancer?

M. DUBRIAGE.

Mais je puis vous chérir, et ne point la chasser.

38.

MADAME ÉVRARD.

Non, monsieur : chassez Laure, ou bien...

M. DUBRIAGE.

Quelle rudesse !

MADAME ÉVRARD.

Qu'elle sorte, ou je sors.

M. DUBRIAGE, *en colère*.

Vous êtes la maîtresse ;
Mais elle restera.

MADAME ÉVRARD.

Plaît-il ?

M. DUBRIAGE.

Oui, sur ce ton
Puisque vous le prenez, je la garde.

MADAME ÉVRARD.

Pardon,
Monsieur ! Mais...

M. DUBRIAGE.

Non. J'entends qu'ici Laure demeure.
Si cela vous déplaît, sortez... à la bonne heure :
Voilà mon dernier mot.

(*Il sort très en colère.*)

SCÈNE VI.

MADAME ÉVRARD, *seule*.

L'AI-JE bien entendu ?
Est-ce donc là monsieur ?... Comment ! j'aurois perdu,
En ce fatal instant, le fruit de dix années...
Quand je touche au moment de les voir couronnées !

(*Après un moment de repos.*)

Il m'a dit tout cela dans un premier transport
Qui pourra se calmer... N'importe, j'ai grand tort.

Menacer, m'emporter, quelle imprudence extrême !
J'en avertis Ambroise, et j'y tombe moi-même.
S'il en est temps encor, revenons sur nos pas.

SCÈNE VII.

MADAME ÉVRARD, CHARLE.

MADAME ÉVRARD.

Mon ami Charle !..

CHARLE.

Eh bien ?

MADAME ÉVRARD.

Ah ! vous ne savez pas ?..
Avec monsieur je viens d'avoir une querelle...

CHARLE.

Quoi ? vous ! A quel propos, madame ?

MADAME ÉVRARD.

A propos d'elle,
De Laure.

CHARLE.

Est-il possible ?

MADAME ÉVRARD.

Eh ! sans doute : j'ai dit
Qu'il falloit qu'à l'instant l'une de nous sortît.
Mais point du tout ; monsieur, qui la protège et l'aime,
M'a dit... (le croiriez-vous ?) « Eh bien, sortez vous-même ;
Et là-dessus, il est rentré fort en courroux.

CHARLE.

Vous m'étonnez ! Aussi, comment le fâchez-vous ?
Monsieur est bon maître, oui ; mais enfin c'est un maître.

MADAME ÉVRARD.

J'en conviens, mon ami, j'ai quelque tort peut-être :
Mais cette fille-là me choque et me déplaît.

CHARLE.

Quel est son crime, au fond? Que vous a-t-elle fait?
Monsieur accepte Laure; il paroît content d'elle,
Et vous le tourmentez pour une bagatelle.

MADAME ÉVRARD.

Le mal est fait : voyons, comment le réparer?

CHARLE.

Aisément de ce pas vous saurez vous tirer.
Une fois de monsieur quand vous serez l'épouse,
De Laure assurément vous serez peu jalouse.

MADAME ÉVRARD.

A cet hymen tantôt j'ai cru le disposer :
Mais voici que tout change. Avant de l'épouser,
Il faut bien qu'avec lui je me réconcilie.

CHARLE.

Oui, j'entends.

MADAME ÉVRARD.

Aidez-moi, mon cher, je vous supplie.

CHARLE.

Vous n'avez pas besoin du tout de mon secours;
Et vous seule bientôt...

MADAME ÉVRARD.

Secondez-moi toujours...
Il revient déja... Bon.

CHARLE.

Il rêve, ce me semble.

MADAME ÉVRARD.

Tant mieux. J'espère encor... Laissez-nous donc ensemble.
(*Seule.*)   (*Charles sort.*)
Voyons.
(*Elle se tient à l'écart, et s'assied accoudée sur une table.*)

SCÈNE VIII.

M. DUBRIAGE, MADAME ÉVRARD.

M. DUBRIAGE, *se croyant seul.*

Personne ici !.. Je suis bien malheureux !
Je suis bon à mes gens, et je fais tout pour eux ;
Je suis leur père... Eh bien ! voyez la récompense ?
Madame Évrard aussi... Cependant, quand j'y pense,
Moi, j'ai pris feu peut-être un peu légèrement.
(*Madame Évrard tire vite son mouchoir et s'en couvre
le visage, comme pour essuyer ses larmes.*)
Cette femme est sensible ; et véritablement,
C'est la première fois qu'elle s'est emportée...
Je le confesse, oh oui ! je l'ai trop maltraitée.

MADAME ÉVRARD, *éclatant en sanglots.*

Oui, sans doute.

M. DUBRIAGE.

Ah ! c'est vous, bonne madame Évrard ?

MADAME ÉVRARD, *levée, sanglotant toujours.*

Moi-même, dont, hélas ! sans pitié, sans égard,
Vous avez déchiré l'âme sensible et tendre.
A ce traitement-là j'étois loin de m'attendre,
Après dix ans de soins, de tendresse...

M. DUBRIAGE.

En effet :
Moi-même je ne sais comment cela s'est fait...

MADAME ÉVRARD.

Après ce coup, je puis supporter tout au monde,
Et dans une retraite ignorée et profonde...

M. DUBRIAGE.

Quoi ! vous songez encore à ce qui s'est passé ?

MADAME ÉVRARD.
Jamais le souvenir n'en peut être effacé.
M. DUBRIAGE.
Que dites-vous, madame? oublions, je vous prie,
Cette petite scène, et plus de brouillerie.
MADAME ÉVRARD.
Ah! monsieur, je vois bien que vous ne m'aimez plus :
Je ferois désormais des efforts superflus...
M. DUBRIAGE.
Eh non! madame Évrard, je suis toujours le même;
Toujours, plus que jamais, croyez que je vous aime.
MADAME ÉVRARD.
Si vous m'aimiez un peu, pourriez-vous me chasser?
M. DUBRIAGE.
Avez-vous pu vous-même ainsi me menacer?
Nous sommes vifs tous deux... Allons, point de rancune,
De part et d'autre; moi, je n'en conserve aucune :
Vous non plus, n'est-ce pas?
MADAME ÉVRARD.
Tenez, monsieur, je crains
Que Laure ne nous donne ici quelques chagrins.
M. DUBRIAGE.
Ah! pouvez-vous le craindre? Elle en est incapable :
Tout annonce qu'elle est et douce et raisonnable.
Vous en serez contente, allez, je vous promets.
MADAME ÉVRARD.
Vous tenez donc beaucoup à cette fille?
M. DUBRIAGE.
Eh mais!...
Ambroise l'a donnée; et c'est lui faire injure
Que de la renvoyer : ainsi, je vous conjure,

N'en parlons plus ; cessez d'insister sur ce point :
Surtout, madame Évrard, ne m'abandonnez point.

MADAME ÉVRARD.

J'en avois fait le vœu ; mais depuis cette affaire,
Je ne sais trop...

M. DUBRIAGE.

Comment, vous balancez, ma chère !
Je vous en prie.

MADAME ÉVRARD.

Allons : c'en est fait ; je me rends.

M. DUBRIAGE.

Charmante femme !

SCÈNE IX.

M. DUBRIAGE, MADAME ÉVRARD, AMBROISE, LAURE.

AMBROISE.

Eh bien ! qu'est-ce donc que j'apprends ?
Madame Évrard menace, et veut que Laure sorte.
Oh ! je déclare...

M. DUBRIAGE.

Allons, le voilà qui s'emporte,
Comme à son ordinaire !

MADAME ÉVRARD.

Oui, nous sommes d'accord ;
Vous serez satisfait, et personne ne sort.

(*Elle sort.*)

SCÈNE X.

M. DUBRIAGE, AMBROISE, LAURE.

AMBROISE.

Elle rit : par hasard, seroit-ce moi qu'on joue ?

M. DUBRIAGE.

Eh non ! nous avons eu tous deux, je te l'avoue,
Même au sujet de Laure un petit démêlé ;
(Il appuie sur ce mot.)
Mais il n'y paroît plus. En maître j'ai parlé :
Laure nous reste.

AMBROISE.

Ah ! bon.

M. DUBRIAGE.

     Moi, j'aime cette fille :
Je la garde.

LAURE

Monsieur !...

AMBROISE.

     Elle est douce et gentille,
N'est-ce pas ?

M. DUBRIAGE.

    Mais elle est bien mieux que tout cela ;
On n'a pas plus d'esprit, de raison qu'elle en a.

AMBROISE.

Oh ! j'en étois bien sûr, quand je vous l'ai donnée ;
Sans quoi je n'aurois pas...

M. DUBRIAGE.

     C'est qu'elle est très bien née ;
J'entends bien élevée. Il ne tiendra qu'à vous,
Laure, d'être long-temps.... mais toujours, avec nous.

ACTE IV, SCÈNE X.

LAURE.

Ah! mon.... monsieur, croyez que ma plus chère envie
Est de pouvoir ici passer toute ma vie.

AMBROISE.

Oh! vous y resterez, en dépit qu'on en ait :
   (Il se reprend.)
C'est moi qui vous.... je dis, monsieur vous le promet.
      (Il sort.)

SCÈNE XI.

M. DUBRIAGE, LAURE.

M. DUBRIAGE.

Oui, je vous le promets. Ne craignez rien, ma chère :
Mais à madame Évrard tâchez pourtant de plaire...
Je songe à ce parent; je voudrois voir aussi
Cet ami de province avec lequel ici
Vous êtes arrivée.

LAURE.

   Ah! qu'il aura de joie,
Si vous daignez, monsieur, permettre qu'il vous voie.

M. DUBRIAGE.

J'en augure très bien, puisque vous l'estimez.
Est-il jeune?

LAURE.

Oui, monsieur...

M. DUBRIAGE.

    Ah! jeune... Vous l'aimez?

LAURE, *simplement*.

Oui, monsieur, en l'aimant j'obéis à ma mère.
« Aime-la, lui dit-elle en mourant; sois son frère.

Il le promit : depuis il a tenu sa foi ;
Père, ami, protecteur, guide, il est tout pour moi.

M. DUBRIAGE.

Ce jeune homme à mes yeux est vraiment respectable;
Et son cruel parent?...

LAURE.

Peut-être est excusable ;
Car il ne connoît point mon ami : mais enfin
Il se fera connoître ; et ce n'est pas en vain
Que nous serons venus du fond de notre Alsace...

M. DUBRIAGE.

D'Alsace ? dites-vous... De quel endroit, de grâce?

LAURE.

De Colmar.

M. DUBRIAGE.

De Colmar !

LAURE.

Oui, monsieur...

M. DUBRIAGE.

Dites-moi,
Vous avez à Colmar garnison, que je croi?

LAURE.

Oui, monsieur...

M. DUBRIAGE.

Je connois quelqu'un dans cette ville,
Un soldat : mais comment démêler entre mille?...
Après tout, que sait-on...? Il se nommoit Armand...

LAURE.

Je le... connois.

M. DUBRIAGE.

Ah, ah! par quel hasard, comment?...

ACTE IV, SCENE XI.

LAURE.

Par un hasard, monsieur, qui jamais ne s'oublie.
Ce jeune homme à mon père avoit sauvé la vie:
Jugez si le sauveur d'un père, d'un époux,
Devoit avec transport être accueilli de nous!
L'estime se joignit à la reconnoissance.
Nous vîmes qu'il étoit d'une honnête naissance:
Plein de cœur et d'esprit, brave et zélé soldat,
Comme s'il eût par goût embrassé cet état;
Et pourtant doux, honnête...

M. DUBRIAGE, *à lui-même.*

Oh! oui... le bon apôtre!

(*A Laure.*)

C'est assez; je vois bien que vous parlez d'un autre.

LAURE.

Cet Armand-là, monsieur, n'est pas le même?...

M. DUBRIAGE.

Oh, non!

Le mien, qui ne ressemble au vôtre que de nom,
Est un mauvais sujet, sans raison, sans conduite;
Il s'enfuit un beau jour, et s'engage par suite,
Puis se marie, épouse une fille de rien,
Dont le moindre défaut fut de naître sans bien,
Qui menoit une vie avant son mariage!...

LAURE, *très vivement.*

Monsieur, rien n'est plus faux; je réponds qu'elle est sage.
Elle s'est, je l'avoue, éprise d'un soldat,
Mais estimable, honnête, ainsi que son état:
Elle le vit, l'aima du vivant de son père;
Il lui fut accordé par sa mourante mère:
Elle l'aime; il l'adore, et jusques aujourd'hui,

Elle a toujours vécu sagement avec lui.
Ce qu'on a pu vous dire, est un mensonge infâme :
Oui, l'épouse d'Armand est une honnête femme.

M. DUBRIAGE.

Mais vous la défendez !...

LAURE.

C'est moi que je défend.

M. DUBRIAGE.

C'est vous !...

LAURE, *toujours en colère.*

Eh ! oui, je suis cette femme d'Armand.

M. DUBRIAGE.

Quoi ! vous seriez ?...

LAURE, *à part, et revenant à elle.*

O ciel ! je me trahis moi-même.

M. DUBRIAGE.

Vous ma nièce, bon Dieu !... Ma surprise est extrême.

LAURE, *aux genoux de M. Dubriage.*

Oui, monsieur, vous voyez cette triste moitié
D'un neveu malheureux trop digne de pitié.
Moi-même à vos genoux je suis toute tremblante,
Et votre seul aspect me glace d'épouvante.

M. DUBRIAGE.

Relevez-vous, madame, et calmez vos esprits.
Tantôt, de votre air doux, de vos grâces épris,
Je vous trouvois aimable, et vous l'êtes encore.
Repousser une nièce, ayant accueilli Laure,
Ce seroit à la fois être injuste et cruel.
Votre époux à mes yeux n'est pas moins criminel.
Mais quoi ! s'il m'a manqué, vous n'êtes point coupable ;
Et votre sort déja n'est que trop déplorable,
D'être la femme d'un...

ACTE IV, SCÈNE XI.

LAURE.

Ah! soyez généreux :
C'est mon époux; il est absent et malheureux.

SCÈNE XII.

M. DUBRIAGE, LAURE, CHARLE.

M. DUBRIAGE.

Ah! Charle, conçois-tu les transports de mon âme?
Voilà ma nièce.

CHARLE.

O ciel! se pourroit-il? madame
Seroit?...

M. DUBRIAGE.

C'est au hasard que je dois cet aveu.
Ma nièce, te dis-je, oui, femme de ce neveu
Dont je parlois tantôt, qui m'a fait tant de peine!
Mais pour elle, après tout, je ne sens nulle haine;
Et d'abord sur ce point j'ai su la rassurer.

CHARLE, *se ranimant.*

Ah! monsieur, est-il vrai? je n'osois l'espérer...
Si vous saviez quelle est en ce moment ma joie!
Eh quoi! le ciel enfin permet donc que je voie
A vos côtés... quelqu'un qui vous touche de près...
Presque un enfant!.... voilà ce que je désirois.

M. DUBRIAGE.

Charle, je suis sensible à ces marques de zèle.
(*A Laure.*)
C'est un digne garçon, un serviteur fidèle,
Qui m'aime tout-à-fait, qui me sert d'amitié.

CHARLE.

Dans vos chagrins, monsieur, si je fus de moitié,
J'ai droit de partager aussi votre allégresse :

Car vous avez sans doute, en voyant une nièce,
Dû sentir une vive et douce émotion.

M. DUBRIAGE.

Je ne m'en défends point : mais cette impression
Par d'amers souvenirs est bien empoisonnée.
Cette nièce, par qui m'a-t-elle été donnée?
Par un ingrat, qui m'a mille fois outragé...
(A Laure.)
Je vous fais de la peine, et j'en suis affligé;
Mais mon cœur ne se peut contenir davantage.

LAURE.

Hélas! continuez, si cela vous soulage.

CHARLE.

Moi, je ne puis juger que par ce que je vois,
Et je vois que du moins il a fait un bon choix.

M. DUBRIAGE.

De sa part, en effet, un tel choix est étrange.

LAURE.

Épargnez mon époux, ou trève à la louange.

CHARLE.

Oui, ce discernement, monsieur, lui fait honneur,
Prouve qu'il est honnête, et qu'il a dans le cœur
Le goût de la vertu : c'est un grand point, sans doute.

M. DUBRIAGE.

C'est assez.

CHARLE.

Un seul mot encor.

M. DUBRIAGE.

Eh bien! j'écoute.

CHARLE.

Il ne m'appartient pas de le justifier :
Mais, au moins, des rapports il faut se défier.

ACTE IV, SCÈNE XII.

De ce pauvre neveu l'on vous peignoit la femme
Sous d'affreuses couleurs, et vous voyez madame!

M. DUBRIAGE.

Oui, parlons de la nièce, et laissons le neveu.
(Se reprenant.)
Mais j'ai fait devant Charle un indiscret aveu :
Du premier mouvement je n'ai pas été maître;
Mon ami, gardez-vous de rien faire paroître...

CHARLE.

Ah! monsieur... cependant il faudra tôt ou tard...

M. DUBRIAGE.

Il n'importe, mon cher; avec madame Éyrard
J'ai des ménagements à garder; et vous, Laure,
Rejoignez-la, sachez dissimuler encore.

LAURE.

Oui, mon oncle.

M. DUBRIAGE.

Fort bien !
(Avec tendresse, après une petite pause.)
D'un malheureux neveu,
Je vois, ma chère enfant, que vous me tiendrez lieu.

LAURE.

Cher oncle! ce neveu que votre haine accable...
Pardonnez... à vos yeux il est donc bien coupable?

M. DUBRIAGE.

S'il l'est, l'ingrat!... Tenez... de grace... sur ce point
Expliquons-nous d'avance, et ne nous trompons point.
Une fois reconnue, et même avec tendresse,
Peut-être espérez-vous, par vos soins, votre adresse,
Pour votre époux bientôt obtenir le pardon;
Vous vous trompez : je puis être juste, être bon

Pour vous, aimable, douce, en un mot, innocente,
Sans qu'à revoir Armand de mes jours je consente.
Vous m'entendez, ma nièce : ainsi donc, voulez-vous
Rester ici? jamais un mot de votre époux,
Pas un.

LAURE.

J'obéirai, monsieur, quoi qu'il m'en coûte.

M. DUBRIAGE.

Il en coûte à mon cœur pour vous blesser, sans doute;
Mais il le faut : je veux vivre et mourir en paix.
Me le promettez-vous?

LAURE.

Oui, je vous le promets,
Mon cher oncle.

M. DUBRIAGE.

Fort bien : mais descendez, vous dis-je.

LAURE.

J'y vais.

M. DUBRIAGE, *à part.*

C'est à regret, hélas! que je l'afflige.

(*Haut.*)

Suis-moi, Charle.

(*Il sort.*)

SCÈNE XIII.

LAURE, CHARLE.

CHARLE, *bas, à Laure.*

Courage! espérons tout du ciel :
Te voilà reconnue, et c'est l'essentiel.

(*Ils sortent, chacun de son côté.*)

FIN DU QUATRIÈME ACTE.

ACTE CINQUIÈME.

SCÈNE I.

CHARLE, GEORGE.

GEORGE.

Non, vous avez beau dire, et plus tôt que plus tard,
Il faut brouiller Ambroise avec madame Évrard :
Je vais donc le trouver, et lui faire connoître
Que sa future aspire à la main de son maître.

CHARLE.

C'est trahir un secret.

GEORGE.

Bon ! il est bien permis
De chercher à brouiller entre eux ses ennemis.
Ambroise, à ce seul mot, va s'emporter contre elle.
Il en doit résulter une bonne querelle ;
Et tant mieux ! j'aime à voir quereller les méchants :
C'est un repos du moins pour les honnêtes gens.
Laissez faire.

(Il sort.)

SCÈNE II.

CHARLE, *seul.*

Quel zèle à me rendre service !
Quel ami ! Le méchant peut trouver un complice ;
Mais il n'est ici-bas, et le ciel l'a permis,
Que les honnêtes gens qui puissent être amis.

SCÈNE III.

MADAME ÉVRARD, CHARLE.

MADAME ÉVRARD.

Ah ! Charle, ah ! mon ami, savez-vous la nouvelle,
La découverte affreuse ?...

CHARLE.

Affreuse ? Eh ! quelle est-elle,
Madame ?

MADAME ÉVRARD.

Cette Laure est femme du neveu.

CHARLE.

Comment ?...

MADAME ÉVRARD.

Eh oui ! l'on vient de m'en faire l'aveu
A l'instant.

CHARLE.

Bon ! Qui donc a pu ?...

MADAME ÉVRARD.

Monsieur lui-même,
Et ce n'a pas été sans une peine extrême.
Je l'ai vu tout à coup distrait, embarrassé ;
Car j'ai le coup-d'œil sûr ; et je l'ai tant pressé,
(A cet âge on n'a pas la force de se taire),
Qu'enfin j'ai pénétré cet horrible mystère.

CHARLE.

C'est la nièce !

MADAME ÉVRARD.

Ah ! l'instinct ne sauroit nous trahir !
Vous voyez si j'avois sujet de la haïr !

ACTE V, SCENE III.

Quand je touche au moment d'être ici la maîtresse,
Quand je vais épouser, il faut qu'elle paroisse !
Car j'aurai fait en vain jouer mille ressorts :
Si Laure reste ici, mon ami, moi j'en sors.

CHARLE.

Eh mais !...

MADAME ÉVRARD.

Vous-même aussi ; nous sortons l'un et l'autre.

CHARLE.

Vous croyez ?

MADAME ÉVRARD.

Oui, ma chute entraînera la vôtre :
La protectrice à bas, adieu le protégé.

CHARLE.

Je voudrois bien pourtant n'avoir pas mon congé.

MADAME ÉVRARD.

Il n'en est qu'un moyen : arrangeons-nous de sorte,
Qu'au lieu de nous, mon cher, ce soit elle qui sorte.

CHARLE.

Elle qui sorte ?

MADAME ÉVRARD.

Eh oui !

CHARLE.

Mais vous n'y pensez pas.

MADAME ÉVRARD.

C'est l'unique moyen de sortir d'embarras.
Il faudra soutenir qu'elle n'est pas la nièce,
Et même le prouver.

CHARLE.

Ah dieu ! quelle hardiesse !...
Mais quels sont pour cela vos moyens ?

MADAME ÉVRARD.

Tout est prêt.
Armand va nous servir...

CHARLE.

Et comment, s'il vous plaît?

MADAME ÉVRARD.

Armand va, de Colmar, écrire que sa femme
Est là-bas, près de lui.

CHARLE.

Qu'entends-je? Ah ciel! madame...
Contrefaire une lettre?

MADAME ÉVRARD.

Oh que non pas : d'abord,
Ce faux seroit, je pense, un trait un peu trop fort;
Ce seroit une vaine et grossière imposture;
Car monsieur du neveu connoît bien l'écriture :
Mais, comme vous savez, j'ai des lettres d'Armand,
Et j'en montre une.

CHARLE.

Bon!

MADAME ÉVRARD.

Oui; Julien à l'instant
Va l'apporter.

CHARLE.

Eh mais, la date?...

MADAME ÉVRARD.

Je la change.
Ambroise, en paroissant venir de chez Lagrange,
Va, par un faux récit, porter les premiers coups.
J'affecterai d'abord l'air incrédule et doux;
Mais j'appuie en effet, et je montre la lettre :
La nièce partira, j'ose bien le promettre.

CHARLE.

Soit. Mais à des papiers, car elle en peut avoir,
Que répliquerez-vous? je voudrois le savoir.

MADAME ÉVRARD.

Il ne la verra point.

CHARLE.

En êtes-vous bien sûre?

MADAME ÉVRARD.

Oui, si vous nous aidez. Sachez, je vous conjure,
La retenir là-bas, tandis qu'Ambroise et moi
Nous nous chargeons ici de monsieur.

CHARLE.

Bien, ma foi!
Madame, j'aurai soin de ne pas quitter Laure.

MADAME ÉVRARD.

Voici monsieur : je dois dissimuler encore;
Allez.

CHARLE, *à part.*

Je vais... parer à ce coup imprévu.

(*Il sort.*)

SCÈNE IV.

MADAME ÉVRARD, M. DUBRIAGE.

MADAME ÉVRARD.

(*A part.*)   (*Haut.*)
Ne désespérons pas.... Vous semblez bien ému?

M. DUBRIAGE.

Mais mon émotion est assez naturelle.

MADAME ÉVRARD.

Très naturelle, oh oui!.... Madame, où donc est-elle?

M. DUBRIAGE.
Dans ma chambre; elle écrit. Elle est bien, entre nous,
Très bien.

MADAME ÉVRARD.
Pour en juger, je m'en rapporte à vous.

M. DUBRIAGE.
Comme vous aviez pris le change sur son compte !
Convenez-en.

MADAME ÉVRARD.
D'accord ; oui, vraiment : j'en ai honte
Pour ceux qui m'ont trompée. On se prévient d'abord
Pour ou contre les gens, et souvent on a tort.

M. DUBRIAGE.
Si sur Armand lui-même, et pendant son absence,
Nous étions abusés ?

MADAME ÉVRARD.
Ah ! quelle différence !
Nous ne sommes que trop instruits de ses excès.
Eh ! n'avons-nous pas vu ses lettres ?

M. DUBRIAGE.
Je le sais...
Des torts d'Armand, au reste, elle n'est pas coupable,
La pauvre enfant !

MADAME ÉVRARD.
Oh, non ! Vous êtes équitable,
Et ne confondez point le bon et le méchant.

M. DUBRIAGE.
Elle est bonne, en effet; elle a l'air si touchant !...

MADAME ÉVRARD.
Oui, qui prévient pour elle ; il faut que j'en convienne :
Et d'ailleurs il suffit qu'elle vous appartienne,
Pour m'être chère, à moi.

ACTE V, SCÈNE IV.

M. DUBRIAGE.
Voilà bien votre cœur!

MADAME ÉVRARD.
Hélas! je ne veux rien, rien que votre bonheur.

M. DUBRIAGE.
Chère madame Evrard!... Mais Ambroise s'avance
Fort agité...

MADAME ÉVRARD.
C'est là sa manière, je pense.

SCÈNE V.

M. DUBRIAGE, MADAME ÉVRARD, AMBROISE.

M. DUBRIAGE.
Qu'avez-vous, Ambroise?

AMBROISE.
Ah!... j'étouffe de courroux!
On m'a trompé... Que dis-je? on nous a trompés tous.
Cette Laure, qu'ici l'on me fait introduire...

MADAME ÉVRARD.
Eh! mon dieu, nous savons ce que vous voulez dire.

AMBROISE.
Vous sauriez déjà?

MADAME ÉVRARD.
Tout; et ce n'est pas, je croi,
De quoi tant se fâcher, Ambroise.

AMBROISE.
Pas de quoi!
Comment, lorsque j'apprends?...

MADAME ÉVRARD.
Oui, que madame Laure
Est nièce de monsieur...

AMBROISE.

Vous vous trompez encore;
Elle n'est point sa nièce.

M. DUBRIAGE.

Elle n'est pas?...

AMBROISE.

Eh! non.
Je sors de chez Lagrange; il m'a tout dit.

MADAME ÉVRARD.

Quoi donc?

AMBROISE.

Il m'a dit que d'Armand Laure n'est point la femme,
Mais une aventurière.

MADAME ÉVRARD.

Allons!

AMBROISE.

Paix donc, madame!

MADAME ÉVRARD.

Mais comment écouter des contes?

AMBROISE.

Un moment.
Elle est bien de Colmar; elle connoît Armand.
Sans peine elle aura su qu'à Paris ce jeune homme
Avoit un oncle riche; elle entend qu'on le nomme :
Elle écoute, s'informe, et recueille avec soin
Tous les renseignements dont elle aura besoin :
Elle part; de Paris elle fait le voyage,
Et s'offre comme nièce à monsieur Dubriage.

M. DUBRIAGE.

O ciel! qu'entends-je? eh mais!...

MADAME ÉVRARD.

Il se pourroit, monsieur?...

ACTE V, SCÈNE V.

M. DUBRIAGE.

Non, Ambroise se trompe, et l'air seul de candeur...

AMBROISE.

De candeur! c'est encor ce que m'a dit Lagrange,
Elle connoît son monde, et là-dessus s'arrange :
Elle sait que monsieur est un homme de bien,
Un sage ; elle a dès-lors composé son maintien,
Et vient jouer ici la vertu, l'innocence.

MADAME ÉVRARD.

Quoi ! ce seroit un jeu que cet air de décence ?
Il est vrai que d'Armand elle parle fort peu.

M. DUBRIAGE.

J'ai défendu qu'on dît un seul mot du neveu.

AMBROISE.

Si c'étoit son époux, vous obéiroit-elle ?

MADAME ÉVRARD.

A semblable promesse on n'est pas très fidèle.
Où donc est ce neveu ?

AMBROISE.

    Preuve encor que cela :
Si Laure étoit sa femme, il seroit bientôt là.

MADAME ÉVRARD.

En effet, il devroit...

M. DUBRIAGE.

    Il n'oseroit, madame.

AMBROISE.

Il eût osé déja, si Laure étoit sa femme.

M. DUBRIAGE.

Mais quel fut son espoir ? car pour moi je m'y perd...
Ce secret, tôt ou tard, se seroit découvert.

AMBROISE.

Elle eût, en attendant, su vous tirer peut-être
Quelques louis, et puis un beau jour disparoître.

MADAME ÉVRARD.

Ce ne sont encor là que des présomptions.

M. DUBRIAGE.

C'est un point qu'il est bon que nous éclaircissions :
Il faudroit...

AMBROISE.

La chasser.

MADAME ÉVRARD.

Oh non ! il faut attendre ;
On ne condamne point les gens sans les entendre :
(A M. Dubriage.)
N'est-il pas vrai, monsieur?

M. DUBRIAGE.

Sans doute... Appelons-la :
Nous allons voir du moins ce qu'elle répondra.

MADAME ÉVRARD.

Fort bien ! J'entends quelqu'un... Que viens-tu me remettre,
Petit Julien ?

JULIEN.

Madame, eh mais ! c'est une lettre.

MADAME ÉVRARD.

(Julien sort.)
Donne donc... Ah ! je vois le timbre de Colmar.

M. DUBRIAGE.

De Colmar, dites-vous?... Seroit-ce par hasard
Une lettre d'Armand?... Enfin il s'en avise !...
Eh ! que peut-il m'écrire ?-

ACTE V, SCÈNE V.

MADAME ÉVRARD.

Encor quelque sottise !
A votre place, moi je ne la lirois pas.

M. DUBRIAGE.

Cette lettre pourra me tirer d'embarras.
Lisez.

MADAME ÉVRARD.

Lisez vous-même.

M. DUBRIAGE *lit.*

Ah ! j'ai peine à comprendre...

MADAME ÉVRARD.

Quoi ?

M. DUBRIAGE.

Cette lettre va vous-même vous surprendre.
Tenez, vous allez voir : écoutez un moment.
(*Lisant.*)
« Mon cher oncle. » Ah ! cher oncle ! il est bien temps vraiment !
« Pour la vingtième fois j'ose encor vous écrire... »
(*S'interrompant.*)
Madame, que dit-il ? pour la vingtième fois !...
Vingt lettres !

MADAME ÉVRARD.

Je ne sais : je n'en ai vu que trois...
Mais quoi ! voulez-vous bien continuer de lire,
Monsieur ?

M. DUBRIAGE *continuant de lire.*

« En ce moment, Laure est à mes côtés ;
« Elle veut que j'implore encore vos bontés.
« Aisément, je l'avoue, elle me persuade...
« Trop chère épouse, hélas ! Elle est un peu malade.
« Mais quoi ! c'est le chagrin d'être ainsi loin de vous.

« Quand pourrons-nous tous deux embrasser vos genoux?
« Mon oncle ! quels transports seroient alors les nôtres !...
(*Fermant la lettre.*)
Mais cette lettre-là n'est pas du ton des autres.

MADAME ÉVRARD.

Qu'importe ! Je ne vois qu'une chose en ceci :
Si Laure est à Colmar, elle n'est pas ici.

AMBROISE.

Parbleu ! je disois bien que ce n'étoit pas elle.
Vous voyez si j'ai fait un rapport infidèle !

M. DUBRIAGE.

Je ne le vois que trop. Je demeure frappé
Comme d'un coup de foudre... Elle m'auroit trompé !

MADAME ÉVRARD.

Rien ne paroît plus clair... Mais, ô ciel ! quelle trame !

AMBROISE.

Affreuse ! Allons, je vais renvoyer cette femme.

M. DUBRIAGE.

Non, non ; je veux la voir, moi-même la chasser...

MADAME ÉVRARD.

Comment, vous ?...

M. DUBRIAGE.

Oui, je veux lui faire confesser...

MADAME ÉVRARD.

Vous ne la verrez pas, monsieur, c'est impossible ;
Non, cela vous tueroit ; vous êtes trop sensible :
Eh ! j'ai moi-même ici peine à me contenir.
J'étois d'abord pour elle, il faut en convenir ;
Mais cet horrible trait me révolte et m'indigne...
Et vous la verriez ! Non. Que cette fourbe insigne
Sans retour disparoisse. Ambroise, avant la nuit,
Faites-la déloger sans scandale et sans bruit.

AMBROISE.
A l'instant je m'en charge, et de la bonne sorte.
M. DUBRIAGE.
Ne la maltraitez pas.
MADAME ÉVRARD.
Il suffit qu'elle sorte.
AMBROISE.
Oui, Laure va sortir... tout à l'heure...

SCÈNE VI.

CHARLE, M. DUBRIAGE, MADAME ÉVRARD, AMBROISE.

CHARLE.
ARRÊTEZ;
Ne renvoyons personne.
MADAME ÉVRARD.
Et quoi donc?...
CHARLE.
Écoutez...
(A M. Dubriage.)
De madame je sais le fond de ce mystère :
Il faut que je me mêle un peu de cette affaire.
MADAME ÉVRARD.
Que veut dire ceci? Charle est-il contre nous?
CHARLE.
Si Charle avoit lui-même à se plaindre de vous?
MADAME ÉVRARD.
Ah! je vois ce que c'est : Laure est jeune et gentille :
Charle l'aime; et dès lors il soutient cette fille.
AMBROISE.
Oui, sans doute; en deux mots, voilà tout le secret.

M. DUBRIAGE.

Non; Charle est honnête homme.

CHARLE.

(A madame Évrard.)

Ah! je le suis. Au fait; Répondez...

MADAME ÉVRARD.

De quel droit?...

CHARLE.

Voulez-vous bien permettre?... Vous dites donc qu'Armand vient d'écrire une lettre?

MADAME ÉVRARD.

Eh oui!

CHARLE.

J'en suis fâché pour vous, madame Évrard: Mais cet Armand, qu'on fait écrire de Colmar, Est ici, chez son oncle; et c'est lui qui vous parle: Je suis Armand.

MADAME ÉVRARD.

Ah ciel!

AMBROISE.

Se peut-il!...

M. DUBRIAGE.

Eh quoi! Charle Seroit...

CHARLE.

Ils m'ont réduit à ce déguisement; Mais sous le nom de Charle enfin je suis Armand.

AMBROISE.

Allons donc!

ACTE V, SCÈNE VI.

CHARLE.

Un seul mot va leur fermer la bouche :
J'ai servi, mon cher oncle, et voici ma cartouche.
Par là jugez du reste. Auprès de vous ainsi
Ils m'ont, pendant dix ans, calomnié, noirci.
Mais de mon père, hélas ! cet extrait mortuaire,
(Présentant successivement à M. Dubriage toutes les pièces qu'il annonce.)
Mon extrait de baptême, et celui de ma mère,
Qui, mourant, de mon sort sur vous se reposa,
(Montrant madame Évrard.)
Et dix lettres... Que sais-je?.. où cette femme osa
Me défendre d'écrire et surtout de paroître ;
Tout parle en ma faveur, tout me fait reconnoître :
Tout vous dit que je suis Armand, votre neveu,
Le fils de votre sœur, votre sang.

M. DUBRIAGE.

Juste dieu !

Tu serois...

SCÈNE VII.

GEORGE, CHARLE, M. DUBRIAGE, MADAME ÉVRARD, AMBROISE.

GEORGE.

ARMAND, oui ; croyez mon témoignage ;
La vérité n'est qu'une, et n'a qu'un seul langage ;
La vérité se peint dans mes simples discours...
(Voyant arriver Laure.)
Ah ! madame, venez, venez à mon secours :
Armand est reconnu.

SCÈNE VIII.

LAURE, GEORGE, AMBROISE, CHARLE, M. DU-
BRIAGE, MADAME ÉVRARD.

LAURE, *se jetant aux pieds de son oncle:*

Monsieur, faites-lui grâce ;
Qu'il reste auprès de vous, ou bien que l'on me chasse.

M. DUBRIAGE.

Non, non ; tous vos discours, et je le sens trop bien,
Partent du fond du cœur, et vont jusques au mien.
Ah! je vous crois, amis : j'ai besoin de vous croire.
Et je perce à la fois plus d'une trame noire.
(*Se tournant vers madame Evrard et Ambroise.*)
Vous sentez bien qu'ici vous ne pouvez rester.

MADAME ÉVRARD.

Je n'en ai pas envie... Eh! qui peut m'arrêter?
J'ai voulu, j'en conviens, devenir votre épouse :
De les servir tous deux me croyez-vous jalouse ?
Allez, au fond du cœur vous me regretterez,
Et peut-être, avant peu, vous me rappellerez :
Il n'en sera plus temps. Adieu.

(*Elle sort avec Ambroise.*)

SCÈNE IX.

M. DUBRIAGE, CHARLE, LAURE, GEORGE.

GEORGE.

Les bons l'emportent.
C'est nous qui demeurons, et les voilà qui sortent.

M. DUBRIAGE.

Eh! voilà donc les gens que j'ai crus si long-temps!
Ce sont eux qui m'ont fait bannir, pendant dix ans,

Un neveu plein pour moi de respect, de tendresse.
(*A Armand.*)
Me pardonneras-tu cette longue détresse?

CHARLE.

Ah! ne rappelons point tous mes chagrins passés:
Par cet instant de joie ils sont tous effacés.

M. DUBRIAGE.

Est-il vrai?

LAURE.

Je le sens. Qu'aisément tout s'oublie,
Quand avec son cher oncle on se réconcilie!

M. DUBRIAGE.

De l'effort que j'ai fait, je suis tout étonné.
(*A Charle.*)
Il faut que ta présence ici m'ait redonné
Un peu de l'énergie, oui, de ce caractère
Que j'avois autrefois: car, je ne puis le taire,
En m'isolant ainsi, je sens que j'ai perdu
Plus d'une jouissance et plus d'une vertu.
Trop juste châtiment! Quiconque fut rebelle
Aux lois de la nature, en est puni par elle.

CHARLE.

Mais à propos, d'Arras cinq cousins sont venus.

M. DUBRIAGE.

Les Armands? Eh! pourquoi ne les ai-je pas vus?

CHARLE.

Madame Évrard les a congédiés sur l'heure;
Mais j'irai les chercher: ils m'ont dit leur demeure.
Mon oncle, vous ferez un sort à chacun d'eux,
N'est-ce pas?

M. DUBRIAGE.

Sûrement, mon ami: trop heureux

D'assister des parents restés dans la misère!
Ah! cela vaut bien mieux que ce que j'allois faire!
Me mariant si tard, comme tant d'autres font,
Pour réparer un tort, j'en avois un second.
Cela ne sied qu'à vous, jeunes gens que vous êtes;
C'est toi, mon cher Armand, qui vas payer ma dette.

CHARLE.

Oui, mon oncle.

M. DUBRIAGE.

Plus d'oncle; oui, je vous le défends :
Dites *mon père;* moi, je dis bien *mes enfants.*

CHARLE.

Oui, mon père.

LAURE.

Mon père!

M. DUBRIAGE.

Allons donc! Cette image
De la réalité console et dédommage.

LAURE ET CHARLE.

Mon père!

GEORGE.

Cher parrain!

M. DUBRIAGE.

Douce et touchante erreur!
(Soupirant.)
Si quelque chose manque encore à mon bonheur,
C'est ma faute : du moins mes regrets salutaires
Seront une leçon pour les célibataires.

FIN DU VIEUX CÉLIBATAIRE.

www.ingramcontent.com/pod-product-compliance
Lightning Source LLC
Chambersburg PA
CBHW070740170426
43200CB00007B/598